Mis 6 guerras

Eduardo A. Palmer

MIS 6 GUERRAS

TESTIGO DE LA HISTORIA

Cuba (1959)
República Dominicana (1965)
El Salvador (1980)
Nicaragua (1982)
Granada (1983)
Panamá (1989)

Relato de una vida llena de aventuras, peligros, entradas clandestinas en varios países, cubriendo como corresponsal de guerra: revoluciones, golpes de estado, invasiones y otros eventos histórico-políticos.

Alexandria Library
MIAMI

© Eduardo Palmer, 2015
Todos los derechos reservados

ISBN: 978-1506114385

Library of Congress Catalog Number: 2015930372

Diseño de Portada: Luis Guardia

www.alexlib.com

Dedico este libro a todos los que ofrendaron sus vidas o sufrieron presidio político en su lucha por la libertad y la democracia.

AGRADECIMIENTOS

Agradezco infinitamente a Dios por haberme protegido, permitiéndome salir con vida de tantas situaciones difíciles.

A Elsa, mi esposa, que con tanto cariño y esfuerzo pasó mis escritos a la computadora, mejorando los mismos, aportando ideas y sugerencias. Gracias a ella y a toda mi familia por su respaldo a través de los años.

A Carlos Alberto Montaner, destacado escritor, por su prólogo, acertadas observaciones, apoyo y estímulo.

A Luis Guardia, excelente amigo, gran técnico y magnífica persona, que tanto cooperó en este proyecto, incluyendo el diseño de la portada del libro.

A Eduardo Zayas Bazán, por su generosidad y valiosa ayuda en la revisión de este libro.

A Julio Hernández Miyares, compañero de curso en la Universidad de La Habana, quien con paciencia dedicó tiempo a leer el primer manuscrito, aportando sus conocimientos.

A Angel De Fana, por su formidable trabajo en la edición y publicación de este libro.

A Pedro Díaz, buen amigo, fotógrafo que ofreció tomar mi foto para que apareciera en el libro.

A Kiko Arocha, por la composición del libro.

Mi gratitud a mi equipo de trabajo, que a pesar de los incalculables riesgos, me acompañaron en todos los eventos narrados.

En resumen, agradezco a las amistades y familiares que me alentaron a escribir mis memorias como documentalista. Sin su estímulo este libro no existiría.

ÍNDICE

PRÓLOGO
EDUARDO PALMER
COGIÓ SU CÁMARA 13

CAPÍTULO 1
CUBA 17

CAPÍTULO 2
REPÚBLICA DOMINICANA . 73

CAPÍTULO 3
EL SALVADOR. 99

CAPÍTULO 4
NICARAGUA 121

CAPÍTULO 5
LA INVASIÓN DE GRANADA 143

CAPÍTULO 6
PANAMÁ 163

CAPÍTULO 7
PLANETA 3 195

PRÓLOGO

EDUARDO PALMER COGIÓ SU CÁMARA

Carlos Alberto Montaner

A principios del siglo XX los norteamericanos, para animar a sus soldados durante la Primera Guerra mundial, entonaban una balada patriótica: *Johnny got his gun*, Johnny cogió su fusil. (Muchos años más tarde Dalton Trumbo cobijó bajo ese título una novela y un agónico guión de cine).

Palmer no empuñó las armas, sino la cámara, pero también se fue a la guerra, a la Guerra Fría, a contar sabia y objetivamente lo que pasaba frente al lente, aunque con mucha mejor suerte que el mutilado protagonista de la obra de Trumbo.

Eduardo Palmer es un abogado cubano al que la vida convirtió en cineasta sin él proponérselo. Se trataba, en esencia, de un emprendedor dotado de un alto sentido del compromiso ético, poseedor de una notable urgencia por ayudar al prójimo. Esa sería su más urgente definición psicológica. (Me consta, porque lo he visto actuar en diversos escenarios y así ha sido siempre).

Todo comenzó en Cuba, en la década de los cincuenta, cuando, a poco de crear una empresa dedicada a la comunicación, lo sorprendió el torbellino revolucionario. Siguió luego en un largo exilio de más de medio siglo, donde ha producido centenares (quizás miles) de noticieros, documentales y programas de debate relacionados con la mayor parte de los conflictos latinoamericanos.

Curiosamente, Palmer, hombre pacífico y gentil donde los haya, pero sin miedo a correr riesgos (o capaz de controlar el miedo, lo que es aún más admirable), ha sido testigo de las luchas en Centroamérica, en República Dominicana, en Venezuela y en otra media docena de sitios convertidos en mataderos sangrientos.

No obstante, a mi juicio, el papel más relevante de Palmer está asociado a la defensa de los valores de la libertad y la democracia, junto a las denuncias fílmicas contra quienes han tratado de socavarlos. Sus documentales sobre las narcoguerrillas, sus denuncias bien fundamentadas con imágenes sobre la dictadura cubana, sus grabaciones de los testimonios de los demócratas de la oposición, van a perdurar. Ya forman parte de la filmografía esencial de la historia de la revolución desatada por los Castro en 1959.

A lo que se agrega *Planeta 3*, el único programa internacional de debate ideológico que jamás ha existido en América Latina y, quizás, en cualquier lugar del mundo. Durante muchos años, Palmer consiguió reunir en Santo Domingo a políticos, pensadores y periodistas de diversos países latinoamericanos, desde comunistas a conservadores, para discutir los problemas de actualidad. El programa, respetuoso y con altura, exitosamente moderado primero por Jaime Bayly, y luego por Álvaro Vargas Llosa, se exhibía semanalmente en 16 países y alcanzaba, en consecuencia, una considerable audiencia.

El formato y la tolerancia con todos los puntos de vista ya eran una declaración de principios. Alguna vez se lo pregunté: "Eduardo, ¿por qué haces este esfuerzo tremendo?". "Para defender las ideas en las que creo" me respondió resueltamente. Otros lo hacen por medio de la violencia. Eduardo Palmer, en cambio, cogió su cámara. Solo la ha soltado, muchos años más tarde, para escribir estos papeles sobre su interesantísima y fructífera vida. Vale la pena asomarse a ella.

CAPÍTULO 1

CUBA

Me despertó el teléfono. Eran las tres de la mañana, enero 1ro, 1959. El día antes no habíamos salido a celebrar el fin de año porque la situación política en Cuba era muy tensa. Medio dormido levanté el auricular.

"Hola", contesté. Del otro lado me gritaron "Oye, Batista se fue".

Era Héctor Hernández Valdepares el narrador del noticiario de cine Cubacolor que yo dirigía. Exaltado, medio en tragos, me dijo, "Batista se fue anoche del país". Asombrado le contesté, "Héctor, no juegues con eso que sabes que las líneas están tomadas y la cosa está difícil". Él me respondió, "No es broma, estoy en 'La Gruta' y todo el mundo está cantando a voz en cuello el himno del 26 de Julio. Te voy a poner el teléfono para que escuches a la gente cantando". En efecto, escuché voces cantando a voz en cuello: "Adelante cubanos, que Cuba premiará tu heroísmo".

Acto seguido, Valdepares me informó que a las 12 de la noche Batista, sus familiares y muchos miembros del gabinete se habían ido en avión desde el campamento de Columbia.

Como director de un noticiario, mi responsabilidad era tomar las medidas necesarias para cubrir todo lo que iba a pasar en La Habana tan pronto amaneciera, por lo que empecé a llamar a los camarógrafos y reporteros para que estuvieran a las 6:00 am en nuestra oficina. También avisé a los socios de la empresa para advertirles de la situación.

El teléfono no paraba de sonar en mi casa. Todo el que llamaba comenzaba con: "¿Te enteraste que se fue Batista?". Toda La Habana se despertó esa mañana con ¡Batista se fue!

A las 6:00 am, puntualmente, todo el personal del noticiario estaba presente en nuestras oficinas, ubicadas en la calle 26 #504, Alturas del Vedado, al fondo del Cementerio Chino de 26 y Zapata. Se repartieron las cámaras y los rollos de película 35 mm color. Nuestro noticiario de cine era en colores, disponíamos de un laboratorio fílmico para color y blanco y negro. El noticiario Cubacolor se exhibía en los cines de Cuba. En aquella época no existía todavía el video tape. Todos los noticiarios de cine y TV se filmaban y procesaban en película.

Le di instrucciones a los reporteros y camarógrafos para que salieran a las calles y filmaran lo que estuviera sucediendo respecto a la fuga de Batista, junto a las reacciones del pueblo.

Más tarde, cerca de las 9:00 am, nos enteramos que en el cuartel militar de Columbia, el general Eulogio Cantillo estaba organizando un gobierno provisional dirigido por el Dr. Carlos Manuel Piedra, magistrado del Tribunal Supremo. Nos trasladamos enseguida a Columbia, con un camarógrafo. Una vez allí, como a las 11:00 am, pudimos filmar la juramentación del magistrado Piedra. Terminada esa filmación, salimos para el presidio Castillo del Príncipe; supimos que estaban dejando en libertad a los presos políticos revolucionarios detenidos allí por la policía de Batista. Algunos llevaban años en esa cárcel. Al llegar a la entrada del Príncipe, bajaban corriendo muchos de los recién liberados que no podían creer lo que les estaba sucediendo. Algunos estaban armados con revólveres y rifles que les habían quitado a los policías del penal. Uno de esos presos, nervioso, me apuntó con su rifle y yo, quitándome la cámara fílmica de la cara le dije gritando "Oye, soy periodista y esto es una cámara". El hombre bajó el rifle y sin decir palabra, salió corriendo hacia la calle. Después de filmar la salida de los presos, volví a las oficinas de Cubacolor.

Aproximadamente a la 1:00 pm, Fidel Castro, desde la Sierra Maestra, rechazó el gobierno provisional del magistrado Piedra y convocó a una huelga general nacional. Ordenó a su hermano Raúl que marchara sobre la ciudad de Santiago de Cuba, capital de la provincia de Oriente. Por su parte, Fidel, con sus tropas, también marchó sobre Santiago y ordenó al Che Guevara y al comandante Camilo Cienfuegos, que se encontraban en Santa Clara, que siguieran con sus columnas hasta La Habana.

El pueblo cubano, lleno de júbilo, se tiró a las calles a celebrar el triunfo de la revolución. Las personas se pusieron los brazaletes rojo y negro del Movimiento 26 de Julio. Turbas saquearon los casinos de juego de los hoteles y también las residencias de personeros del gobierno de Batista que habían abandonado el país junto con él. Todo eso fue filmado por nuestros camarógrafos.

Debido a la huelga general convocada por Fidel Castro desde la Sierra Maestra, los negocios, tiendas, bodegas, restaurantes, farmacias, oficinas, etc. cerraron sus puertas. A partir de ese momento se hizo bastante difícil conseguir alimentos y medicinas. Eran momentos de tensión en La Habana y me imagino que en el resto del país. No se sabía qué iban a hacer los militares del ejército de Batista en las otras provincias.

El 2 de enero pudimos cubrir la entrada en La Habana de los comandantes Che Guevara y Camilo Cienfuegos. El primero tomó control de la Fortaleza de La Cabaña y el segundo el cuartel de Columbia. Desde allí se organizó el despliegue en los puntos claves de la ciudad de La Habana. El comandante de las fuerzas revolucionarias, Efigenio Amejeiras, tomó control de la policía.

Los coroneles del ejército de Batista, Ramón Barquín y Creso Borbonet, presos por haberse opuesto a Batista, fueron liberados y se unieron de nuevo a las Fuerzas Armadas.

En la tarde del 2 de enero, José Guerra Alemán, director del noticiario cinematográfico *Cineperiódico* me informó que había conseguido, con el capitán Rodríguez Santos, un avión para volar el día siguiente hacia el interior del país y unirse en Oriente a Fidel Castro y su columna en su marcha hacia La Habana. Le pedí a Pepín, como cariñosamente le decíamos a José Guerra Alemán, que me permitiera, junto con un camarógrafo, acompañarlo en ese viaje en avión. Pepín accedió y el día siguiente, a las 6:00 am, salimos en el avión pilotado por el capitán Rodríguez Santos. Por *Cineperiódico* iban Guerra Alemán, Bebo Muñiz como camarógrafo y Roberto Capdevila como ayudante. Por *Cubacolor* íbamos Minervino Rojas como camarógrafo y yo como reportero. Llevamos cámara de 35mm Arriflex y numerosos rollos de 400 pies de película en color.

El avión con todos nosotros despegó muy temprano desde el campamento de Columbia. Llegamos a las 9:00 am al aeropuerto de San Pedrito en Santiago de Cuba. Allí conseguimos una camioneta y montamos todos. En el recorrido buscamos conectar con Fidel Castro, pero de pronto se formó un tiroteo y Roberto Capdevila, de *Cineperiódico,* salió corriendo. Pepín Guerra le cayó atrás y lo metió de nuevo en la camioneta.

En una oficina de prensa del Gobierno Revolucionario, ubicada en una emisora de radio, Pepín consiguió con Carlos Franqui, encargado de la oficina, varios carnets de prensa para facilitarnos transitar por las distintas dependencias militares.

En Santiago entrevistamos al nuevo presidente de la República, nombrado por Fidel Castro, el Dr. Manuel Urrutia Lleó.

Pocos minutos después nos informaron que Castro había marchado horas antes hacia Camagüey. Conseguimos localizar el avión y al capitán Rodríguez Santos, a quien explicamos la urgencia de volar hacia Camagüey. Diligentemente nos trasladó en su avión hasta el aeropuerto de esa provincia.

Pudimos conectar con Fidel Castro y su columna frente al cuartel Ignacio Agramonte de Camagüey. Castro había utilizado un tanque y varios jeeps del cuartel, con los que dispuso recorrer algunas calles de la ciudad. Mi camarógrafo y yo, al igual que Guerra Alemán y Bebo Muñiz, logramos subirnos al tanque. Al instante sonó un disparo lejano y Castro dio orden al tanquista de que se dirigiera enseguida hacia donde había sonado el tiro. Encima del tanque íbamos como 15 personas, incluyendo a Fidel, varios de sus soldados rebeldes, unos cuantos militares del ejército regular y nuestro grupo de periodistas. Era casi imposible mantener el equilibrio debido a la inestabilidad del tanque corriendo a la máxima velocidad posible. Tuve que agarrarme al soldado que manejaba la calibre 50 que iba sentado, y así evité caerme.

Roberto Capdevila, que llevaba la batería de la cámara de Cineperiódico, no pudo subirse al tanque, y por tanto no lograron filmar lo que estaba pasando en ese momento. Minervino Rojas, mi camarógrafo, tomó buenas escenas que luego resultarían históricas por tratarse de momentos únicos mostrando a Fidel Castro desde lo alto del tanque dirigiendo la operación.

Aeropuerto de Camagüey, enero 4, 1959. Eduardo Palmer con los capitanes del Ejército Rebelde Juan Nuiry y Omar Fernández.

Al regreso al cuartel Ignacio Agramonte, Guerra Alemán le recriminó a Roberto Capdevila no haber subido al tanque o al menos haberle dado la batería de la cámara a Bebo Muñiz, en vez de mandarse a correr cuando sonó el disparo. Para pasar el tiempo, se organizó un juicio a Roberto Capdevila por el asunto de echarse a correr.

Guerra fue el fiscal acusador, Minervino Rojas el juez, Bebo Muñiz el testigo y yo el abogado defensor. Pepín acusó implacablemente a Capdevila, tildándolo de cobarde. Capdevila defendía su acción tratando de justificar su huida. Cuando llegó el momento de la defensa, alegué "miedo insuperable" por parte del acusado como razón eximente. Terminado el juicio, que era solo un entretenimiento, Capdevila fue absuelto y él y Pepín se dieron un fuerte abrazo.

Al enterarnos de que Fidel Castro, en su recorrido hacia La Habana, planeaba ir con su columna por varias ciudades de Cuba, y que eso tomaría varios días, decidimos tomar ropa militar de campaña del cuartel Agramonte y cambiarnos la que habíamos traído desde La Habana. Igualmente nos hicimos de un jeep del ejército y con él nos incorporamos a la caravana de Fidel Castro.

No había restaurantes abiertos, ni donde comprar alimentos. Pude convencer a una oficial rebelde que estaba a cargo de la cocina del cuartel, que nos consiguió algo de comida para el grupo. Dormimos en el piso, usando como almohada la ropa que nos habíamos quitado. Todo esto estaba resultando, para mí, una aventura sin precedentes.

Al día siguiente, 4 de enero, recibimos el aviso de que Castro iba hacia el aeropuerto de Camagüey. Sin perder tiempo, fuimos hacia allá en nuestro jeep "confiscado". En el aeropuerto, Castro mantuvo una larga conversación privada con el magistrado Urrutia, a quien había designado como presidente provisional de Cuba. Cuando terminaron, Urrutia abordó el avión "Guáimaro" y partió hacia La Habana.

Seguidamente, Castro se reunió con una comisión de los pilotos de la fuerza aérea de Batista. Después de conversar por largo rato, los despidió sin problemas y ellos tomaron sus aviones de combate, regresando a sus respectivas bases aéreas.

Acto seguido se organizó una rueda de prensa. Pronto los periodistas comenzaron a hacerle preguntas a Castro sobre sus planes de gobierno, sobre quiénes serían los escogidos como miembros del gabinete y muchos otros asuntos de carácter político.

Cuando llegó mi turno le dije: "comandante, ayer hemos venido de La Habana y hemos podido comprobar que desde el primero de enero, el pueblo entero ha recibido con júbilo el triunfo de la revolución. No se ha reportado en todo el país algún foco de resistencia u oposición a su victoria. Sin embargo, cumpliendo su orden del primero de enero, todos se sumaron a la huelga general convocada por usted. El país está paralizado. No hay donde las familias puedan comprar comida ni medicinas y la producción está detenida. ¿No cree Ud. que procede levantar la huelga general para que todo vuelva a la normalidad?". Castro se me quedó mirando en silencio. Meditó unos segundos evaluando mi petición y contestó: "Usted tiene razón", entonces se dirigió a su ayudante y le dijo: "Yánez Pelletier, informe que se suspenda la huelga general".

Ahí mismo surgió la algarabía y las cerca de cien personas que estaban allí me felicitaron con alegría. Al fin surgía la esperanza de que se normalizara la situación.

Mientras estábamos todavía en el aeropuerto, conocí a Jiménez Moya, dominicano que meses más tarde participaría en la invasión del 14 de junio a República Dominicana. Incluso tenía yo una foto tomada por un periodista, donde aparecía Jiménez Moya en un grupo cerca de mí. También saludé al capitán Emilio Cosío, compañero de la Escuela de Derecho de la Universidad de La Habana. El capitán Juan Nuiry, amigo de la adolescencia, me presentó a los capitanes Omar Fernández y Guerra Matos.

Terminadas las actividades en el aeropuerto, salió la columna de Fidel Castro hacia Santa Clara. La caravana consistía de 16 vehículos. Bebo Muñiz conducía nuestro Jeep. El plan de Castro era ir en autos por la carretera y al llegar a las ciudades, montarse en los tanques que hubiera en los cuarteles para recorrer las calles.

Santa Clara, enero 5, 1959. Fidel Castro montado en el jeep con José Guerra Alemán, Roberto Capdevila, Bebo Muñoz, Minervino Rojas y Eduardo Palmer.

Al anochecer de ese 4 de enero llegamos a Santa Clara. Castro pasó la noche en casa de un dentista, jefe del 26 de Julio en esa ciudad. La casa quedaba en la calle Colón. El grupo nuestro pudo conseguir habitaciones en el hotel Santa Clara.

Por la mañana del 5 de enero, montados en el jeep fuimos frente a la casa donde Fidel había pasado la noche. Cuando salió, al ver a José Guerra Alemán en el jeep, le preguntó de quién era, Pepín le responde: "Mío". Entonces Fidel le dijo "Me voy con la prensa y en este jeep hago la entrada en La Habana". Parece que después cambió de parecer, pues su entrada en la capital fue montado en un tanque.

Fotos de Fidel Castro montado en el jeep con nosotros, recorriendo las calles de Santa Clara, fueron publicadas en periódicos y revistas internacionales.

Por fin llegamos al parque de Santa Clara. Allí se reunió con nosotros un equipo de técnicos de nuestro noticiario que nos trajo una cámara Mitchell NC con sonido, con la que grabamos el discurso de Fidel Castro.

El acto empezó con unas breves palabras del comandante Calixto Morales, quien había sido nuestro compañero en las aulas universitarias. Después Castro comenzó su discurso con "Esa campaña falsa, campaña canallesca, de acusar a esta revolución de comunista, esta revolución que es tan verde como las palmas".

A continuación del acto en el parque, Castro conversó con los jefes militares, tanto del ejército regular como del Ejército Rebelde. También cambió impresiones con los representantes del 26 de Julio en esa ciudad.

Castro insistió en incluir a la ciudad de Cienfuegos en su recorrido por el país. Salimos de Santa Clara y paramos en el pueblo de Esperanza que quedaba en el camino. Hicimos un alto allí para comer. En un almacén nos ubicamos y compartimos todos por igual una sopa de camarones que tomamos sentados arriba de unos sacos de arroz. Fidel se sentó arriba de un saco cerca del mío.

Seguimos entonces el viaje hacia Cienfuegos. Allí, como en todas partes, la caravana fue recibida con entusiasmo por el pueblo, vitoreando en las calles al héroe de la revolución. Castro se reunió con los representantes del 26 de Julio en esa ciudad y con los jefes militares. Más tarde fuimos agasajados en el restaurante "Covadonga", famoso por su arroz con pollo, y después salimos rumbo a Matanzas, pasando de nuevo por la Esperanza.

Llegamos a Matanzas de noche, el 6 de enero y Fidel Castro fue directo al Cuartel Goicuría. Se quedó en Matanzas el resto de esa noche y todo el día siguiente organizando su entrada en La Habana, planeada para el 8 de enero.

El día 7 salí para La Habana temprano a organizar con mis camarógrafos la cobertura de la llegada de Fidel a la capital. Dejé al camarógrafo Minervino Rojas en Matanzas para filmar las actividades de Castro.

Una vez en mi oficina del noticiario, asigné seis camarógrafos, desde distintos puntos del recorrido que haría Fidel, para que cubrieran esa entrada triunfal que tendría lugar el día siguiente. También, como sabía que él iba a hablar al pueblo de Cuba desde el cuartel de Columbia, organicé que los técnicos de luces de mi empresa prepararan una lámpara de arco de diez mil watts para que fuera colocada frente a la tribuna donde él haría uso de la palabra. También dispuse que las palabras de Castro fueran captadas con una cámara Mitchell colocada frente al podio. Tengo la seguridad que el lector tiene que haber visto documentales con la espectacular entrada de Fidel Castro en La Habana, ese día 8 de enero de 1959.

Los tanques fueron traídos en camiones desde Matanzas hasta la entrada de La Habana, donde fueron bajados para que Fidel, sus comandantes y tropas pudieran montarse en ellos. Miles de cubanos lo aplaudieron por todas las calles en su recorrido hasta Columbia, donde llegó ya entrada la noche.

El primer orador fue el capitán Juan Nuiry, quien en la vida civil, antes de subir a la Sierra Maestra, había sido dirigente de organizaciones estudiantiles de la Universidad de La Habana. Después de Nuiry, Fidel Castro tomó la palabra. Al instante alguien soltó una paloma blanca, que voló directamente hacia el hombro de Castro y se posó allí hasta el final del discurso. En aquel momento pensé que quizás habían colocado algún ungüento en la hombrera de Castro para que la paloma volara hacia allí.

Después de terminado el acto, recogimos los equipos y regresamos a los estudios y oficinas del noticiario. Al día siguiente decidimos que debíamos hacer un documental en colores con todo lo filmado en el proceso del triunfo de la Revolución. Se escogió el título de *Gesta Inmortal,* con un plan de trabajo sobre lo que era necesario filmar para completar la historia.

Comenzamos entrevistando al presidente Urrutia. En Holguín pudimos entrevistar al comandante Raúl Castro y en Playa Colorada, provincia de Oriente, con fuerzas rebeldes recreamos el desembarco del yate Granma y los combates que sucedieron.

Cuando escuché a Fidel Castro —en sus discursos durante su recorrido de Oriente a La Habana— hablar de la corrupción administrativa y del poder judicial en la historia política cubana, me di cuenta de que lo que estaba diciendo era cierto. No todos los funcionarios públicos y jueces eran corruptos, muchos cumplían cabal y honradamente sus funciones, pero algunos eran como los describía Castro.

En mi vida profesional me había dedicado a trabajar, progresar económicamente y mantener a mi familia. Nunca había participado en política ni tomado parte a favor de una causa política. Era en realidad apático a todo lo que no fuera progresar. Ni fui de la gente de Batista, ni simpatizante del 26 de Julio.

En diciembre 1958, como abogado, era jefe de la sección legal del Departamento de Impuestos del Ayuntamiento de Marianao, y tenía mi bufete *Bauta Zorrilla - Palmer Biosc*a en sociedad con el Dr. Guillermo Bauta Zorrilla, persona íntegra, capacitado y gran amigo. Además, yo era presidente de *Cuban Colorfilm Corp.*, la compañía que disponía de un estudio de producción, laboratorio fílmico en colores y blanco y negro, más todos los equipos necesarios para la producción de comerciales para cine y TV. Les rentábamos equipos a los productores de películas de largometraje que rodaban en Cuba. Tenía yo entonces 28 años de edad, casado y con dos hijas. Para mí, no había tiempo para la política.

Pero al escuchar a Fidel Castro hablar de la corrupción que había en Cuba, me di cuenta que para evitar injusticias, abusos con el pueblo cubano y que esto no sucediera de nuevo, era necesario estar imbuido de un espíritu ciudadano que nos impulsara a luchar por una patria con funcionarios decentes y honrados. En ese momento estaba muy lejos de pensar que solo 9 o 10 meses después estaría incorporado al Movimiento MRP para luchar contra el Gobierno Revolucionario que conducía al país hacia el comunismo. Mi apatía política había terminado. Estaba decidido a cumplir lo que determiné cuando escuché los discursos de Fidel a principios de enero de 1959.

A mi regreso a La Habana, encontré en mi oficina al productor norteamericano Barry Mahon, quien estaba rodando en Cuba desde diciembre del 58, una película de largo metraje en la que el principal artista era el célebre actor Errol Flynn, quien ya estaba en decadencia y se emborrachaba todos los días. Resulta que una noche, bebido, había formado un escándalo en el hotel donde se hospedaba y la policía se lo había llevado detenido. Como Barry Mahon había alquilado equipos de nuestra empresa para el rodaje de su película *Cuban Rebel Girls*, yo tenía cierta obligación de ayudarlo a resolver el problema. No me quedó más remedio que ir a la estación de policía, hablar con los oficiales a cargo y convencerlos de que la falta de Flynn no tenía carácter político y que no era buena publicidad para el nuevo Gobierno Revolucionario que tuvieran detenido a un artista famoso por una causa trivial. Por fin me entregaron libre a Errol Flynn y se lo entregué a Barry Mahon con el consejo de terminar de rodar las escenas que le faltaban con Flynn y lo despachara para Estados Unidos antes de que creara otro problema.

Un caso parecido ocurrió en esos mismos días. Era amigo de Sepi Dobronyi, un piloto húngaro que había peleado en la 2da. Guerra Mundial y años después se radicó en La Habana. Era bohemio, escultor y aventurero. Una vez le hizo una escultura a la actriz Anita Ekberg, quien le modeló totalmente desnuda. El esposo de ella, el actor Anthony Steele, cuando vio la estatua, fue adonde Sepi y le dio un trompón. Se produjo un escándalo, pero después todo quedó entre artistas.

Al llegar Castro al poder, trató de imponer nuevas reglas de conducta moral y un día la policía llevó preso a Sepi, acusándolo de hacer esculturas que eran contrarias a la moral. Sepi, desde la cárcel, me avisó para que tratara de sacarlo de su predicamento. Usé la misma táctica que cuando conseguí liberar a Errol Flynn. En aquellos primeros días la policía no estaba entrenada todavía por la Stasi y la KGB. Eran los jóvenes campesinos que habían bajado de la Sierra con Fidel. Logré sacar a Sepi y le di el mismo consejo que cuando el caso de Flynn, que se fuera de Cuba lo antes posible, lo cual hizo.

Algunos años más tarde, estando yo en el exilio, vine desde Nueva York a Miami y visité el night-club *Los Violines*. Estando allí, oigo que alguien me llama en voz alta: ¡Dr. Palmer, Dr. Palmer! Era Sepi. Me llevó a su mesa, donde había varias personas, y me presentó a su esposa. Se había casado con una rica heredera que era dueña de muchas acciones de IBM.

Sepi me invitó a desayunar con ellos al día siguiente en su casa de Coral Gables. Cuando llego al desayuno, observo que vive en una mansión donde la esposa le había construido un estudio para que siguiera con las esculturas. Regresé a Nueva York y lo perdí de vista. Por la prensa me enteré en el año 2011 que había recién fallecido. Siempre mantuvo su imagen de *bon vivant* y bohemio.

También usando mis capacidades persuasivas, aunque con un argumento distinto, pude lograr sacar de una estación de policía a Ignacio Cancio, hermano de Jorge Cancio, uno de mis socios en la *Cuban Colorfilm Corp*. Aproximadamente el 9 o 10 de enero Jorge me informa que su hermano estaba detenido en una estación de policía. El motivo de su detención era debido a que Ignacio era funcionario de un organismo del estado y los revolucionarios se llevaban presos a todos los jefes de departamento.

Acudí a la estación de policía, le dije al oficial que estaba de guardia que la esposa de Ignacio era amiga de mi esposa y todos los días iba a mi casa llorando porque su marido estaba preso. En fin, que "era una lata constante y diaria". Además, les aseguré que Ignacio no era político ni militar y que nunca se había metido en problemas y no estaba acusado de nada. Los convencí, accedieron a mi petición y me lo entregaron.

Cuando estábamos en el auto, le sugerí que hiciera gestiones y pidiera asilo en una embajada cuanto antes. Entonces me dijo: "¿Y tú qué vas a hacer si vienen a buscarme y al no estar, vienen por ti?". Le contesté que no se preocupara, que yo resolvería. Pocos días después logró asilo en una embajada y salió del país. Siempre su hermano Jorge, el propio Ignacio y la familia, me lo agradecieron. Ignacio se estableció en Miami donde murió años después.

Nuestro noticiario *Cuba Color* recibió una invitación de la oficina de prensa del Gobierno Revolucionario para acompañar a Fidel Castro en un viaje a Caracas, Venezuela, para agradecerle a dicho país y al pueblo venezolano, la gran ayuda que habían prestado a la revolución cubana en su lucha contra Batista.

El viaje a Venezuela se realizó en dos aviones Super G Constellation, de Cubana de Aviación. En uno iba Fidel Castro con varios comandantes, escoltas y personas del Movimiento 26 de Julio. En el otro, viajamos periodistas, yo entre ellos, camarógrafos y fotógrafos.

Castro fue recibido en el aeropuerto de Maiquetía, Venezuela, por una multitud que lo aclamaba. Él era sin dudas, el líder revolucionario más importante de América Latina. La comisión oficial venezolana que recibió a Castro, estaba presidida por el almirante Wolfgang Larrazábal, quien estaba dirigiendo el gobierno desde la caída del dictador Marcos Pérez Jiménez. Una caravana de autos, con Fidel en un carro convertible saludando al pueblo, recorrió el camino desde el aeropuerto hasta Caracas.

En el edificio del congreso venezolano, Fidel habló a los congresistas y más tarde hizo lo mismo en la Universidad de Caracas. Nosotros, usando cámaras con sonido, captamos estos discursos y fueron incluidos en un documental que hice sobre ese viaje. Para sorpresa mía, cuando Castro quiso subir en el teleférico para ir al Hotel Humboldt, coincidí con él en la góndola que nos transportaba.

En el aeropuerto de Maiquetía, ya para regresar a La Habana, el comandante Paco Cabrera se acercó mucho a la hélice girando del avión donde iba Fidel y al golpearlo la hélice, murió instantáneamente. Poco después despegaron los dos aviones, en uno de los cuales llevamos el cadáver del comandante muerto.

A los pocos días de regresar, recibí una llamada de la Auditoría General (Departamento Legal del Ejército Rebelde), invitándome a formar parte de los Tribunales Revolucionarios. Yo era abogado graduado desde 1952 y practiqué la carrera, aunque fui derivando mi tiempo hacia la producción cinematográfica en la empresa *Cuban Colorfilm Corp.* debido a que había invertido en la misma y, sobre todo, porque para mí el cine era más atractivo que ser abogado. Con delicadeza y dando una razón valedera, decliné la invitación de incorporarme a los Tribunales Revolucionarios. Desde entonces pienso que esa decisión ha sido una de las más acertadas que he tomado en mi vida.

Con el propósito de comprar película virgen, piezas de repuesto y productos químicos para el revelado de películas, hice un corto viaje a Nueva York. Allí me hospedé en el New York Sheraton, donde me encontré a José Guerra Alemán, que también estaba en gestiones de procesamiento de su documental. Por la tarde nos reunimos en el Mermaid Room, el bar del hotel, para cambiar impresiones. Pepín había pasado un mes en la Sierra Maestra con Fidel Castro, durante la lucha, antes del triunfo. En esta reunión en Nueva York, Pepín me advirtió: "Eduardo, esta gente (los revolucionarios) no son buena gente". Esto me sorprendió, pero el tiempo y la historia le dieron la razón. Fue la primera persona conocida que pudo captar la verdad de los propósitos de Fidel Castro. Me explicó que en la Sierra había visto la forma de proceder del líder revolucionario y conocido alguna de sus ideas.

Pocos días después me avisa José Guerra Alemán, director de *Cineperiódico*, que los directores de noticiarios de cine y televisión de Cuba habían sido invitados al 2do. Congreso de PAINT en Buenos Aires, Argentina. La invitación incluía pasaje, hotel y comidas.

PAINT era la Primera Asociación Internacional de Noticiarios de Cine y Telenoticiosas. Su primer congreso había sido en Montevideo, Uruguay. Un vuelo especial de Aerolíneas Argentinas, originado en Nueva York, donde montaron los que venían por Estados Unidos, hizo escala en La Habana y allí montó la delegación cubana. Éramos Manuel Alonso y su hermano Bebo, por Noticiario Nacional; José Guerra Alemán por *Cineperiódico*; Eduardo Hernández Toledo, "Guayo", de *Noticuba*, y yo por el noticiario *Cuba Color*. Además integraban el grupo el periodista José Pardo Llada y el comandante Luis Crespo, del Ejército Rebelde, ambos invitados especiales al II Congreso PAINT.

Volamos de La Habana a la ciudad de Belem en Brasil, donde hicimos escala. Después continuamos a Buenos Aires. El vuelo por encima de la zona del Amazonas fue largo. Era un avión Constellation de hélices.

Fuimos hospedados en el Hotel Alvear Palace, que era de primera. Nos atendió el Sr. Antonio Ángel Díaz, dueño de *Sucesos Argentinos* y presidente de PAINT.

Después de la solemne inauguración del Congreso, a la que asistieron varios ministros del gobierno argentino, el alcalde de Buenos Aires y otras autoridades, fuimos invitados por el presidente Arturo Frondisi a un almuerzo en la Casa Rosada.

Otro día, los participantes en el Congreso fuimos invitados a una estancia, donde se nos brindó una "parrillada". Era la primera vez que disfrutaba de este tipo de comida, un asado donde se sirven todas las partes de una res.

José Guerra Alemán, como una broma, publicó un anuncio en un periódico de Buenos Aires donde decía: "Se venden pianos de cola por 700 pesos", un precio muy bajo y puso el teléfono de la habitación de José Pardo Llada para informes. Claro está, Pardo se enteró de quién era la broma y dio instrucciones a la telefonista del hotel que todas las llamadas a él, se les pasara a su secretario el Dr. Guerra Alemán.

Después de una semana de actividades, regresamos a La Habana.

A finales de enero terminamos el documental en 35mm, color, *Gesta Inmortal*. El estreno fue todo un éxito. En varias semanas y con muchas copias, se exhibió en toda Cuba. Además, vendimos copias a varios países, entre ellos a un distribuidor de Caracas. Creo que el precio fue $450.00 dólares por la copia para Venezuela. (Nota: 20 años después pude comprar esa copia usada, pasada por los cines venezolanos, por US $1,500.00. Ese mismo día le vendí a Venevisión los derechos para Venezuela por dos años en US $1,500.00, para usarla como archivo. Ellos pasaron la película a video en un telecine y me dieron una copia en video además de devolverme el rollo de 35mm. De esa manera, recuperé por la tarde la suma que había pagado por la mañana).

Seguía operando *Cuban Colorfilm Corp.*, pero se producían pocos comerciales para cine y TV. Era difícil cubrir los costos de operación, sueldos, alquiler, luz, etc., pero con optimismo, seguimos abiertos pensando que quizás aquello mejoraría. Claro, en ese entonces no sabíamos que el objetivo del Gobierno Revolucionario era confiscar todas las empresas privadas y suprimir todos los medios independientes de comunicación.

Para hacer algo, Manuel de la Pedrosa escribió un guión con la historia de un periodista que había cubierto el triunfo de la revolución y todo lo que había ido sucediendo, como el viaje de Fidel a Venezuela, la firma de la Reforma Agraria en La Plata, Sierra Maestra. La historia se basaba en mí, pero sin identificarme. Se contrató al actor Néstor de Barbosa para hacer mi papel. El docudrama se llamó *Surcos de Libertad* dirigido por Pedrosa y yo como productor.

A fines de junio de ese año 1959, nos llamó el Sr. Miguel Brugueras, jefe de prensa del gobierno y nos contrató para filmar el documental del próximo 26 de Julio, pues pensaban traer quinientos mil campesinos a La Habana para ese día. Pudimos tomar vistas desde helicópteros facilitados por las fuerzas armadas.

Nos pagaron diez mil pesos por ese documental, en colores, de veinte minutos de duración que se llamó *26 de Julio*. Nunca entendí por qué el Sr. Brugueras nos contrató cuando ya existía el ICAIC (Instituto Cubano de Arte e Industria Cinematográfica).

Desde principios de enero del 59 me habían cancelado como jefe de la Sección Legal del Departamento de Impuestos del Ayuntamiento de Marianao. El nuevo jefe del departamento, que había sido del 26 de Julio y fue preso político cuando Batista, me explicó, al despedirme, que esos puestos eran para los "revolucionarios". Mientras tanto, seguía con mi bufete y mi trabajo en *Cuban Colorfilm Corp.*, o como todos le llamábamos en el giro, *Cubancolor*.

Pronto la situación económica fue empeorando. Para finales de agosto nos notificaron que todos nuestros equipos de cine pasarían al ICAIC. Fue una experiencia agridulce, pues nos dolía perder el fruto de nuestros esfuerzos de varios años, pero por otro lado, ya no podíamos mantener la empresa, pues la publicidad era inexistente y no había ingresos.

En esos momentos, el capitán Juan Nuiry me informa que lo han nombrado interventor del sistema de transporte terrestre cubano y que necesita un abogado de su confianza para que lo asista en esa función. Sabía que además de ser abogado, yo conocía desde pequeño algo de transporte, pues mi padre había sido dueño de ómnibus en varias rutas, como la 26 y 27 (Vía Línea) y la 23, 24 y 25 en Lawton. Cuando alguno de esos ómnibus de mi padre se rompía, él iba a los talleres para expeditar su reparación. Muchas veces lo acompañé y así conocí a los mecánicos y electricistas que hacían el trabajo. Debido a mi relación con la *Cuban Colorfilm Corporation* también yo tenía alguna experiencia de negocios.

En poco tiempo llegué a la posición de secretario legal de la corporación; el capitán Juan Nuiry era el presidente, y el contador Ángel Comesaña, tesorero. Esta era la composición del ejecutivo de la entidad.

El comandante Huber Matos, quien había estado en la Sierra Maestra con Fidel Castro y había ganado sus galones por su valentía y liderazgo, al triunfo de la Revolución fue nombrado Gobernador Militar de la provincia de Camagüey. Durante varios meses estuvo observando la tendencia comunista de Castro y de algunos dirigentes revolucionarios que colocaban en puestos claves a miembros del partido comunista cubano, sustituyendo a hombres capacitados del Movimiento 26 de Julio que valientemente habían luchado contra Batista.

En varias ocasiones el comandante Matos le comunicó su inquietud a Fidel Castro, quien se mostró indiferente, más bien molesto con sus comentarios. Viendo traicionados los ideales por los que él y muchos otros cubanos se sumaron a las filas del Ejército Rebelde, decidió renunciar a su cargo de Gobernador Militar de la provincia de Camagüey. En octubre de 1959 le envió su carta de renuncia a Fidel, denunciando la infiltración comunista en el gobierno.

La respuesta de Castro no se hizo esperar. Enseguida mandó al comandante Camilo Cienfuegos a Camagüey con la orden de arrestar a Huber Matos, quien fue llevado a juicio rápidamente y condenado a veinte años de prisión. Esto causó un gran disgusto entre los demócratas que sabíamos que el camino del comunismo no era nada bueno y solo conduce a una dictadura que elimina toda libertad y derechos al ciudadano.

La avioneta en que regresaba Camilo Cienfuegos a La Habana desapareció misteriosamente y nunca se recuperaron los restos del avión, ni de Camilo.

Un día, el capitán Juan Nuiry, presidente de la entidad, me informó que el Ministerio de Comunicaciones y Transporte había decidido adquirir cien autobuses nuevos para mejorar el servicio. Me pidió que organizara una comisión con expertos en mecánica de motores para autobuses, teniendo en cuenta los demás aspectos a considerar para esa importante compra. Era necesario obtener información y precios de diferentes fábricas de autobuses, a la mayor brevedad posible.

Cumplí sus instrucciones y formé una comisión adecuada para tal propósito. Me comuniqué con las más importantes fábricas de autobuses, dándole a conocer nuestras intenciones de compra para que presentaran sus cotizaciones con precios, especificaciones mecánicas y forma de pago.

Varias empresas presentaron la información requerida en el plazo de tiempo determinado. Entre ellas, la Renault de Francia, la Henschel de Alemania, Skoda de Checoeslovaquia, una de Japón, la Fiat italiana y dos o tres más que no recuerdo.

Después que el comité estudió todos los aspectos de cada cotización, llegamos a la conclusión de que los finalistas eran la Renault y la Henschel. Antes de continuar con el proceso de selección para decidir a quién comprarle los cien autobuses, recibí una llamada de la secretaria del presidente del Banco Nacional, el comandante Ernesto Guevara (más conocido como Ché Guevara), la cual me informó que el comandante quería hablar conmigo el día siguiente a las 3:00 pm en su oficina del Banco Nacional. Le respondí afirmativamente y en efecto, acudí a la cita a la hora indicada.

El comandante Guevara al recibirme me pidió que le contara cómo iba la gestión de la compra de los cien autobuses. Le informé sobre los estudios y evaluaciones que habíamos hecho y las razones que determinaron que los finalistas eran las fábricas de Francia y Alemania.

Entonces, muy seriamente, me dijo que la compra no se haría a ninguno de esos dos países, sino a la Skoda de Checoeslovaquia. Le expliqué que después de analizar las especificaciones recibidas, llegamos a la conclusión que los autobuses checos no eran los de mejor calidad y que era muy probable que durarían muy poco tiempo en las carreteras cubanas. Me escuchó, miró los documentos que le presenté y al final de la reunión me dijo que la decisión había sido hecha a nivel de gobierno. Era un acuerdo entre el gobierno de Cuba y Checoeslovaquia. Por lo tanto, la opinión de la comisión no contaba. Durante el transcurso de nuestra conversación, él aspiraba con frecuencia a través de un inhalador pues era asmático y tenía dificultades para respirar.

En esa época yo ignoraba cómo funcionaba el sistema socialista. Esa compra sería como un trueque entre productos agrícolas cubanos y los autobuses checos. Por experiencia, sabíamos que las maquinarias y equipos fabricados en países comunistas eran de baja calidad. Ignoro cuánto tiempo transitaron esos autobuses; nunca los vi, porque salí de Cuba antes de que llegaran los nuevos ómnibus checos.

Poco tiempo después, un emisario de Seguridad del Estado comenzó a visitar con frecuencia nuestras oficinas de transporte. Venía con un paquete de expedientes de obreros que, según órdenes superiores, debían ser despedidos de sus puestos por ser "contrarrevolucionarios". En una de esas visitas, entre los expedientes estaba el de un popular delegado obrero. Ese caso me sorprendió, ya que dicho obrero, cuyo nombre no recuerdo, había sido de los atacantes al cuartel Goicuría en Matanzas durante la dictadura de Batista, fue herido en el combate y capturado. Cumplió presidio político hasta que fue liberado el primero de enero de 1959. Había sido elegido delegado del sindicato de su ruta por ser muy popular entre sus compañeros.

Le aclaré al enviado de Seguridad del Estado que ese empleado era un verdadero revolucionario y que seguramente había un error en la orden de cancelarlo. El oficial de Seguridad del Estado respondió que no era un error, que la orden de despido la había dado Raúl Castro directamente. Le pregunté ingenuamente "¿por qué?" y el hombre fríamente me contestó: "Sr. Palmer, la razón es que no es miembro del partido". No había más que hablar. Por supuesto, el partido a que se refería era el Partido Comunista.

En esos días el sindicato del Transporte me invitó a un almuerzo en "El Mandarín", el restaurante chino en el edificio de Radiocentro, en L y 23 en el Vedado. Al llegar, junto con los señores del sindicato estaban cuatro chinos. Le pregunté a Alfredo López Arriaga, encargado sindical de relaciones con la patronal, quiénes eran los chinos, y me informó que pertenecían a una comisión de buena voluntad enviada por Mao Tse Tung para capacitación de los líderes sindicales del transporte.

Todos estos incidentes me hicieron pensar que "esto está oscuro y huele a queso". Era evidente la infiltración comunista en la revolución cubana.

Días después, mi viejo amigo, el Dr. Julio del Castillo, neurocirujano, compañero de colegio y de bachillerato, me pidió que lo visitara. Cuando estábamos solos, me dijo: "Eddy, ¿que tú crees de este gobierno?" Como tenía confianza absoluta en él, éramos como hermanos, le conté sobre los incidentes recientes que evidenciaban la infiltración comunista en el país. Me confesó que pensaba lo mismo y por eso se había integrado al movimiento clandestino 30 de Noviembre que había sido formado por David Salvador, quien había sido dirigente sindical del Movimiento Revolucionario 26 de Julio, pero fue sustituido por un comunista. Julio era el coordinador del sector de los profesionales en esa organización anticastrista. Me comentó que necesitaban armas y municiones para sus actividades clandestinas, le prometí que lo ayudaría en todo lo posible y así lo hice pidiendo a mis clientes y amistades que estaban planificando irse del país, que si tenían armas y municiones me las donaran. Yo se las llevaba de noche a Julio del Castillo.

En una de esas visitas a Julio, después de entregarle varias armas, me informó que tenía escondido en su casa a David Salvador y me preguntó si yo quería conocerlo. Sin pensarlo dos veces le dije que no, porque si alguna vez Seguridad del Estado lo arrestaba y torturaba, posiblemente se viera forzado a revelar quiénes eran sus contactos en el clandestinaje.

Efectivamente, meses más tarde David Salvador fue capturado y cumplió años de prisión.

Emilio Cosío, compañero de curso en la Escuela de Derecho de la Universidad de La Habana, era capitán del Estado Mayor del comandante Huber Matos y fue arrestado junto con Matos y otros oficiales de su unidad. Emilio fue absuelto en el juicio, ya que su trabajo era de abogado y no militar. Pocos meses después Cosío comenzó a trabajar en un cargo administrativo del sistema de transporte. Como éramos amigos, a menudo nos reuníamos a tomar café. Un día, estando solos, comentó que estaba muy desilusionado con el curso que había tomado la revolución y que era su deber patriótico luchar contra aquello y tratar de que hubiera un gobierno democrático. Me dijo que se había unido al MRP (Movimiento Revolucionario del Pueblo), organización clandestina anticastrista fundada por Manuel Ray, quien en 1959 fue ministro de Obras Públicas hasta que renunció junto con Miró Cardona y otros, por la penetración comunista en el gobierno.

Elena Mederos, que había sido ministro de Asistencia Social en el primer gabinete de Fidel Castro, también había renunciado a su cargo y cofundó el MRP con Manuel Ray. De estos datos me enteré en el exilio, pues en Cuba era muy peligroso hablar con personas que no fueran de absoluta confianza.

Como expuse anteriormente, un agente de Seguridad del Estado me entregaba la lista de los empleados sospechosos de ser contrarrevolucionarios con la orden de que fueran despedidos de sus puestos de trabajo. Previo acuerdo con Emilio Cosío, yo le pasaba la lista y a través de una red del MRP se le avisaba a dichos obreros que el Departamento de Seguridad de Estado los había incluido en la lista de anticastristas que debían ser despedidos de su trabajo. De esa manera si alguno tenía documentos comprometedores, o armas, podía hacer lo que fuera necesario. Muchos pudieron escapar antes de ser arrestados.

Un día, a mediados de julio de 1960, Cosío me pidió que consiguiera una casa o apartamento donde esconder a varias personas. Estaban planeando una fuga de presos de la prisión de El Morro y necesitaban albergarlos en lo que se organizaba su salida del país. Por casualidad había un apartamento vacío en un edificio de apartamentos ubicado en Miramar, propiedad de mi padre. Yo tenía la llave y se lo comuniqué a Cosío.

Esta operación de la fuga fue planeada por Rogelio Cisneros, del MRP. Él logró incorporar al plan a cuatro marineros y un sargento que pidieron que los sacaran de Cuba a cambio de su cooperación.

Una noche, en el mes de octubre, una llamada por teléfono me despertó como a las dos de la madrugada. Era Cosío con la contraseña de que fuera a buscar la "mercancía". Al principio yo no entendía, pero él me recordó lo del apartamento y enseguida reaccioné. Me vestí y a los veinte minutos estaba en el sitio indicado, donde me entregó a cinco de los quince fugados. Todos estaban con su uniforme militar, mojados, porque habían tenido que nadar y varios de ellos estaban armados con pistolas 45 mm. Acto seguido los monté en mi auto, me fui por calles laterales, evitando las avenidas por si habían dado una alarma. Yo iba armado con un revólver calibre 38.

En camino al apartamento pensaba en el posible hecho de que si nos interceptaba un carro patrulla de la policía, generalmente tripulada por dos agentes, mis pasajeros, todos militares con experiencia de combate en la Sierra, no se iban a entregar, sino por el contrario, dispararían hacia los policías.

Iba a ser un combate desigual y más que por mi vida, me preocupaba la de los policías, pues para ellos no veía salvación. Gracias a Dios, llegamos al apartamento sin problemas. Subimos al tercer piso, como había otros vecinos en el edificio, le advertí a los fugados que no hicieran ruido hasta pasadas las 9 de la mañana, hora en que los vecinos habrían salido a trabajar.

Los cinco fugados que escondí eran Elvio Rivera Limonta, Rodosvaldo Llauradó, Dionisio Suárez Esquivel, Roberto Cobas (Maceo) y José López Legón (El Toro).

A media mañana les llevé ropa de civil y recogí los uniformes. También les llevé comida, jugos, refrescos, galletas y otros alimentos. La ropa que recogí la llevé a casa del Dr. Jorge Rivera, casado con Perla Mendieta Palmer, mi prima hermana. Jorge también estaba en la contrarrevolución, ya que creía en la democracia y no en el comunismo. Años más tarde, ya ambos en el exilio, me contó que tuvieron que quemar poco a poco dichos uniformes, pues resultaba muy peligroso y comprometedor sacarlos de la casa y botarlos en cualquier lugar. Por muy patriotas que él y mi prima Perla eran, se evidencia que no les había gustado que le dejara esos uniformes para desaparecerlos.

Tres días después de la fuga, recibí el aviso de que esa noche había que llevar a los fugados a una iglesia en la Calzada de Jesús del Monte. Se me ocurrió organizar una reunión social para esa noche en casa de Felo Águila y su esposa Gloria, quienes estaban activos en la lucha clandestina contra el régimen y además vivían a una cuadra del edificio donde estaban los fugados. Avisé también al Dr. Julio del Castillo y su esposa Rosario, a Emilio e Inés Cosío y otros dos matrimonios amigos. El plan era que previa coordinación, terminada la reunión, cada pareja llevara en su auto a uno de los fugados hasta la iglesia del padre Testé en la Calzada de Jesús del Monte, lo dejara allí y siguieran para sus casas.

Así los cinco hombres quedaron en la iglesia y uno o dos días más tarde salieron de noche, todos, los quince, en un barco que felizmente llegó a Cayo Hueso, Florida.

Muchos años después, en el exilio, visité a Dionisio Suárez en su casa en Miami y le pregunté cómo habían llevado a cabo su espectacular fuga. Él me contó que pudieron convencer a cuatro marineros y un sargento, de los custodios que no estaban de acuerdo con el comunismo implantado en Cuba por Fidel Castro y que ellos accedieron a ayudarlos a cambio de que los sacaran del país junto con el grupo.

El 6 de octubre de 1960, según habían planeado, salieron de sus celdas por la noche, llegaron al muro, tendieron una soga que fijaron a una base y comenzaron a bajar uno a uno. Como esto requería tener fuerzas y estar en buenas condiciones físicas, durante varios meses en presidio, hicieron ejercicios con unas pesas que le pidieron a Fidel Castro, cuando los visitó en la prisión del Castillo de El Morro.

En los arrecifes esperaron una embarcación que se suponía que los recogiera; hacían señales encendiendo y apagando una luz, pero dicha embarcación nunca llegó. Desesperados, decidieron cruzar los arrecifes, meterse en el agua y llegar hasta la carretera que pasa frente a El Morro.

Al llegar a la calle, empezaron a hacer señas para que alguien los llevara hasta la ciudad, a casas o apartamentos de familiares o amigos envueltos en el complot de la fuga. Todos los fugados vestían el uniforme del Ejército Rebelde con los grados que tenían cuando fueron juzgados, condenados y enviados a prisión. Vestidos como militares revolucionarios, paraban los carros y los choferes con gusto los llevaban a donde les pedían.

Un grupo de cinco pudo conectarse con el tío de Rodosvaldo Llauradó y llegaron a su casa. Desde allí localizaron a Emilio Cosío y le informaron de la situación. Inmediatamente Emilio y su esposa Inés salieron a buscarlos. En el camino Emilio notó que un carro los seguía y eso lo alarmó, pero después se dieron cuenta que era un lechero repartiendo su mercancía. Por fin llegaron a casa del tío de Llauradó y recogieron a los cinco fugados. Los llevaron a casa de Emilio y desde allí me avisaron. Enseguida fui a buscarlos y los escondí en el apartamento; el final de esta historia ya lo conocen, anteriormente les conté que todos pudieron escapar en un barco hasta Cayo Hueso.

Después de esos tensos días de octubre 1960, mi vida familiar y de trabajo continuó, dándole las gracias a Dios de que una operación tan riesgosa hubiera salido bien y sin haber sido arrestado por Seguridad del Estado.

La situación se ponía difícil. Mi primo Luis Enrique me localiza un día y me dice que tiene algo confidencial y delicado que informarme. Su cuñado, Mario Pérez, quien era mecánico de máquinas de escribir y de sumar (en 1960 todavía no había computadoras), reparaba los equipos de Seguridad del Estado y una tarde escuchó a uno de los agentes mencionar mi nombre y decirle a otro agente que me estaban vigilando. Tan pronto Mario regresó a su casa, le contó a su esposa, mi prima María del Carmen (más conocida por Pupa en la familia), lo que había oído. Enseguida Pupa decidió enviar a Luis Enrique con ese importante mensaje para que yo estuviera enterado.

Al recibir el aviso, pensé enseguida en los papeles que tenía en la casa, como una lista de comunistas cubanos y otros documentos que resultarían incriminatorios. Rápidamente fui a casa, recogí todo lo que fuera necesario esconder en otro lugar y me dispuse a destruir o quemar lo demás.

Al día siguiente le entregué a Emilio Cosío los pasaportes de mi esposa, mis tres hijos, mi suegra y yo, para que a través del MRP gestionara las visas de Estados Unidos. Siendo funcionario del gobierno, yo no podía ir a hacer cola en la embajada americana, pues hubiera sido detectado y seguramente me arrestarían. Yo tenía la visa americana por años, pero había caducado en enero de 1960.

Pasaron dos o tres días, al cabo de los cuales, Cosío me devolvió los pasaportes visados para la salida de mi esposa y tres hijos, pero al mío y de mi suegra no les habían puesto visa. Cuando pregunté por qué, me dijeron que el MRP quería que yo continuara en mi puesto de secretario general, abogado del transporte terrestre, ya que mi acceso a información importante era muy útil en la lucha contra el gobierno. Eso para mí, en lugar de ser un halago era un problema; mi vida estaba en peligro ya que la Seguridad del Estado me tenía en su lista y me estaba vigilando.

Arreglé la salida de mi esposa y tres hijos hacia Miami y el fin de semana antes del viaje nos fuimos al Hotel Caguama, en Varadero. Pasamos un tiempo maravilloso. Me bañé en el mar no menos de 3 veces al día y me pasaba horas dentro del agua.

Desde pequeño, cuando pasé algunas vacaciones en Varadero, quedé enamorado de esa preciosa playa. Me dije en esa ocasión: "déjame llevarme el sabor de esta playa cubana, no vaya a ser que no la vuelva a ver". Este pensamiento resultó profético, pues han pasado más de 54 años y nunca he regresado a Cuba.

Mi esposa Sonia y yo acordamos que salieran ella y los niños, y que su madre y yo saldríamos después. Un diplomático, pagándole una comisión de $200 dólares, accedió a sacar dos mil dólares y depositarlos en un banco en Miami. Mi esposa los recogería al llegar y así podría desenvolverse en lo que yo pudiera salir de Cuba y unirme a ellos.

Mi suegra era amiga del hermano del cónsul de Costa Rica y a través de él conseguimos las visas para ella y para mí, para viajar a San José. Debido a que no quedaban sellos en el consulado, la visa llevaba un cuño que decía U.S. $3.50 de sellos a cobrar a la llegada al aeropuerto. En esa época solo permitían salir con cinco dólares, al tener que pagar 3.50 al llegar a San José, nos quedarían 1.50 a cada uno, no era suficiente para pagar un taxi.

El plan era que al llegar a Costa Rica, mi padre me girara al hotel una suma de dinero suficiente para resolver hasta que estuviéramos en Miami. Mi padre y su esposa, debido a mi insistencia, salieron de Cuba en mayo de 1960 y con amistades extranjeras que viajaban a Cuba con frecuencia, lograron sacar dólares.

Por fin salieron mi esposa e hijos para Miami el 6 de noviembre de 1960 y seis días después, mi suegra y yo salimos para San José, Costa Rica.

En aquellos momentos solo permitían sacar una maleta con ropa, nada de joyas o valores. Registraban todo lo que cada persona llevaba puesto o en el equipaje, por eso me aseguré que yo no llevara nada encima ni en la maleta que pudiera dificultar mi salida. Lo más importante que yo podría sacar era mi persona, y así escapar del paredón o la cárcel; lo material no era importante. Además, todos creíamos que en tres o cuatro meses volveríamos.

Llegó el día de la salida de Cuba. El registro de la única maleta que nos permitían llevar a cada uno fue minucioso, tal como se ve en la película *The Lost City* de Andy García.

Después de pasar la revisión del equipaje, mi suegra y yo pudimos pasar al avión. Ya sentado, esperando el momento de partir, empecé a preocuparme de que si a última hora los de la Seguridad del Estado revisaban la relación de pasajeros, encontraban mi nombre, y averiguaban que yo estaba en la lista de sospechosos, podrían bajarme del avión y llevarme preso. Gracias a Dios, poco después cerraron la puerta, calentaron los motores y el avión comenzó a moverse para despegar. Unos minutos después estábamos en el aire. Sentí un sentimiento de alivio y tristeza al mismo tiempo.

Era el 12 de noviembre de 1960, fecha que nunca olvidaré. El vuelo no era directo, el avión paraba en varios países. Cuando llevábamos un tiempo volando, el piloto anunció que ya habíamos salido del espacio aéreo cubano y nos encontrábamos rumbo a Guatemala. Entonces exhalé un gran suspiro, pues ya desaparecía el peligro de que el avión regresara a Cuba.

El pasajero que iba a mi lado, un señor bien vestido, al escuchar mi suspiro, extrañado me preguntó si me pasaba algo y le expliqué el alivio que sentí al estar fuera del espacio aéreo cubano. Era guatemalteco y regresaba de una reunión de la OEA en Washington, D.C. Le conté que solo llevaba cinco dólares y que el pasaporte tenía un cuño en la visa de Costa Rica indicando que había que cobrarme $3.50 dólares a la llegada al aeropuerto de San José. El señor, muy amable, me dijo que a él le sobraron 18 dólares de su viaje y con sumo gusto me los daba. Se lo agradecí y le pedí su tarjeta. Tres meses después, desde Nueva York, le envié un Money Order por los 18 dólares explicándole que así le pagaba su oportuno préstamo, pero que nunca podría devolverle el gran favor que nos hizo. Desde entonces, cada vez que puedo ayudar a una persona en apuros, lo hago. Haz bien y no mires a quién.

Durante el vuelo mi pensamiento me llevaba a Cuba, la hermosa isla donde nací, donde pasé mi infancia y juventud, tantos años felices que en mi Patria viví. No sabía el tiempo que estaría fuera, tenía la esperanza de regresar en pocos meses.

Ese día, hace más de medio siglo, no pude imaginar que el gobierno comunista iba a permanecer indefinidamente en el poder y que yo nunca más volvería a pisar suelo cubano.

Costa Rica

Desde el avión pude observar el verdor del paisaje de Costa Rica, país que nos facilitó la salida de Cuba y la estadía hasta tener el permiso de entrada a Estados Unidos. Así comenzaba un nuevo capítulo de mi vida.

Terminados los trámites de inmigración donde tuvimos que abonar $3.50 de sellos y pasar aduana, tomamos un taxi para ir al Gran Hotel de Costa Rica, donde teníamos reservación. Allí nos entregaron $200.00 dólares que mi padre había girado desde Palma de Mallorca, donde se había asentado. Su padre era mallorquín y salió de allí para Cuba a fines del siglo XIX. Enseguida llamé a mi padre para dejarle saber que habíamos llegado bien y pedirle que me enviara más dinero para nuestros gastos. Al día siguiente de llegar a San José, mi suegra y yo fuimos al consulado norteamericano y solicitamos la visa de entrada a Estados Unidos.

Como mi suegra y yo habíamos tenido visa americana anteriormente, ya inmigración tenía nuestro record. Incluso a principios de 1959 viajé a Nueva York y a Miami varias veces, pero mi visa había vencido en 1960. Entonces trabajaba con el Gobierno Revolucionario y no podía hacer la gestión de ir personalmente a solicitar la visa en La Habana, pues eso podía causar que me dejaran sin trabajo.

Mientras estábamos en San José se me ocurrió hacer contacto con el canal 7 de televisión *Teletica* para explorar posibilidades de trabajo. Logré hablar con el señor René Picado, propietario y director del canal, de la idea de un noticiero fílmico moderno. Le pareció interesante y me dijo que podíamos tratar. Le expliqué que antes necesitaba ir a Miami porque allí estaban mi esposa e hijos y que después de llegar a Estados Unidos le dejaría saber mi decisión.

Luego pensé que Costa Rica era un país muy tranquilo donde rara vez ocurrían noticias de envergadura, lo más excitante solo podría ser un accidente, que no sería interesante para un informativo de una emisora de televisión.

Por fin, el 23 de noviembre nos concedieron las visas a mi suegra y a mí. El día 25 viajamos a Miami para reunirnos con mi esposa e hijos.

Miami - Nueva York

Llegar a Miami y encontrarme con mi familia fue una gran alegría. Vivimos tres días en un motel económico. En aquel tiempo, Miami no ofrecía oportunidades de trabajo dentro de mi giro, que era producción de anuncios publicitarios para televisión y cine. Tampoco mi carrera de abogado funcionaba en EEUU, ya que el derecho se basaba en el *commom law* norteamericano y no en el código napoleónico como en Cuba.

Resolvimos ir para Orlando; allí vivía Teresita, una prima hermana de mi esposa. Ella y su esposo, el ingeniero Tom Gagnier, nos acogieron con gran cariño y hospitalidad. Comencé a buscar trabajo en Orlando y con mis contactos del giro de cine que se encontraban en Nueva York. A los pocos días me llegó una oferta para formar parte de una nueva empresa de medios de comunicación para servir el creciente mercado hispano de Estados Unidos. Como tenía poco dinero, salí en autobús de la Greyhound para Nueva York, pues era la forma más económica de viajar a esa ciudad.

Salí de Orlando el 10 de diciembre. El viaje tomó 36 horas. El ómnibus paraba en muchos lugares y resultó incómodo. Decidí que en el futuro, de ser posible, no volvería a viajar por autobús a ciudades distantes.

Nueva York, diciembre de 1960. De izquierda a derecha, Eduardo Palmer; Joe Rodero, productor fílmico; Rolando Lastre, asistente de Manuel de la Pedrosa; y Eduardo Hernández Toledo (Guayo), director de Noticuba.

En Nueva York me hospedé en el hotel San Rafael, en la Calle 45 entre las avenidas 6ta. y 7ma. El propietario del hotel, Ted Rossi, buen amigo mío de varios años, conociendo mi situación, me ofreció hospedaje sin cobrarme.

Ted estaba agradecido, ya que en junio del 59, en La Habana, me habló de comprar una casa en Varadero y le dije entonces que mejor esperara unos meses porque no era bueno el camino que estaba tomando la revolución. El tiempo me dio la razón y siempre me agradeció el consejo que le di. Si no hubiera seguido mi consejo, hubiera perdido $150,000 dólares que era el precio de la casa en Varadero.

El propósito de mi viaje a Nueva York era reunirme con Manuel de la Pedrosa, mi antiguo socio en *Cuban Colorfilm Corp.* en La Habana. Junto con Francisco Gutiérrez Prada y Delfín Pupo, habían decidido fundar una empresa para servir al mercado hispano con noticieros de cine y radio. En esa época, año 1960, no había emisoras de televisión en español en Estados Unidos. Me ofrecieron y acepté la posición de director de la nueva operación y después de una semana en Nueva York, regresé a Orlando a pasar Navidad con mi familia.

Al comprobar que en Orlando no había en los supermercados productos cubanos ni españoles para la cena de Nochebuena, decidí ir a Miami el día 23 a comprar frijoles negros, yuca, mojo para adobar el lechón y turrones. En Orlando había perniles de puerco, no era necesario comprarlo en Miami.

Salí temprano, a las 7 de la mañana, manejando un Chevrolet de uso que había comprado por 300 dólares. Cuando llegué a Miami fui a la Calle 8; encontré un mercado latino y compré todo lo que me hacía falta. En el mismo lugar comí un sándwich y como a las 2 p.m., emprendí el regreso para llegar a Orlando antes del anochecer.

Como buen cubano, estaba contento al saber que toda nuestra familia podría disfrutar de una Nochebuena cubana tradicional. Han pasado más de 54 años de aquella primera Navidad lejos de nuestra Patria y puedo decir con orgullo y satisfacción, que durante todo mi exilio he podido mantener la tradición de celebrar, cada 24 de diciembre, la cena de Nochebuena a la cubana.

Despedimos el año 1960 y pocos días después regresé a Nueva York con mi esposa e hijos dispuestos a comenzar una nueva vida. Afortunadamente ya tenía un empleo y me sentía entusiasmado por empezar a trabajar.

La nueva empresa se llamó *El Panamericano Productions, Inc.* y abrió sus puertas en enero de 1961. Compramos equipos, alquilamos un local y adquirimos muebles. A través del departamento hispano de *Columbia Pictures,* vendimos a los cines del mercado hispano un noticiero semanal en 35mm sobre las actividades de las comunidades hispanas en Nueva York, Chicago, Florida, Nueva Jersey, Filadelfia, San Antonio, etc. También comenzamos a producir un noticiario diario de radio a través de la WBNX, emisora en español de Nueva York.

Recién abiertas las puertas del noticiario *El Panamericano,* se rumoraba que era inminente una invasión a Cuba, en realidad era un secreto a todas voces. En las oficinas de la revista *Bohemia* en Nueva York, Paquito Gutiérrez Prada, uno de los socios del noticiario, averiguó que en una oficina de Madison Avenue, *Lem Jones y Asociados,* uno podía inscribirse como periodista para cubrir ese evento de la invasión, inmediatamente o después del desembarco. Fui a esa oficina de relaciones públicas, conversé con la secretaria llamada Anette y ella me presentó a Lem Jones. Eran personas muy amables y con los días y mis frecuentes visitas, me hice amigo de ambos. Ya en el mes de marzo me dijeron que me habían inscrito en el tercer lugar de los periodistas. Según lo que se dio a conocer después del fracaso de la invasión, el plan era que una vez que los atacantes aseguraran un pedazo del territorio cubano que tuviera un aeropuerto, llevarían a Miró Cardona y demás miembros del Consejo Revolucionario para formar un gobierno provisional, que pediría ser reconocido internacionalmente para que le enviaran ayuda y así liberar el resto del territorio.

Por fin, el 17 de abril se produjo la invasión por Playa Girón. Pronto se supo que las cosas no iban bien. Los aviones de Fidel Castro habían hundido algunos barcos de los invasores, incluyendo uno que llevaba suministros y municiones.

Enterado de esta situación, fui a la oficina de Lem Jones y les pedí que del puesto tres, me pasaran al último lugar de la lista. Al final, no fue periodista alguno, ya que la invasión fracasó, entre otras razones por la falta de apoyo del presidente de Estados Unidos, John F. Kennedy.

El fracaso de la invasión afianzó a Fidel Castro en el poder, un dictador que de forma total y absoluta ha gobernado tiránicamente a Cuba por más de medio siglo.

Más tarde, la WHOR, Canal 8 de TV en inglés, nos contrató para prepararles un noticiario semanal de 30 minutos con noticias hispanas, pero narrado en inglés. Seleccionamos al Sr. Juan Ángel Bras, puertorriqueño, bilingüe, ejecutivo de nuestra empresa, para ser el presentador y narrador. Este contrato nos consolidó económicamente

El entonces gobernador del estado de Nueva York, Nelson Rockefeller, aspiraba a ser reelegido en 1961. Sus asesores políticos recomendaron que se hiciera una campaña de publicidad para el mercado hispano de Nueva York y *El Panamerica-*

no fue escogido para hacer los comerciales en español para esa campaña. Esta decisión era lógica, pues en ese entonces había una fuerte comunidad hispana, mayormente puertorriqueña.

El Sr. Rockefeller resultó ser una persona amable y sencilla. Lo llevamos al sector hispano de la ciudad, donde compartió con el pueblo, probó sus comidas y recorrió las calles. Nosotros íbamos filmando todo eso y después de reveladas las películas en 35mm (en aquella época todavía no existía el videotape), procedimos a editar varios reportajes que fueron exhibidos en todos los cines hispanos de la ciudad. En mis conversaciones con el Gobernador tocamos el tema de Cuba y él fue muy receptivo a mi exposición de la realidad de Castro y su dictadura. De esta interacción, conservo una foto con él donde tiene su brazo sobre mi hombro. Años más tarde Rockefeller fue vicepresidente de Estados Unidos desde 1974 a 1977.

Un día acompañé a Manolito Casanova, camarógrafo de nuestro noticiario, a cubrir en Nueva York una noticia cultural. En esa actividad estaba el pintor Salvador Dalí y su esposa Gala, que estaban de visita en Nueva York por unos días. Conversé con él y me di cuenta que le gustaba mucho salir en cámara y la publicidad.

A Manolito se le ocurrió proponerle a Dalí que se montaran él y Gala en un coche tirado por caballos, de los que usan los turistas para pasear por el Parque Central y que fueran por Quinta Avenida, desde la Calle 57 hasta la 50. A Dalí le encantó la idea y nos pusimos de acuerdo para que al día siguiente, a las doce, lleváramos a cabo lo acordado. Fuimos al hotel donde estaban hospedados; los recogimos, fuimos a donde se encontraban los coches y Dalí y Gala se montaron. El cochero, mediante pago generoso, accedió llevar a sus pasajeros por la Quinta Avenida.

Con el gobernador de Nueva York, Sr. Nelson Rockefeller, 1962.

Aquello causó sensación. Nosotros íbamos a pie varios metros delante del coche, filmando a Dalí, saludando al público. Él, con sus famosos bigotes engominados y sus excentricidades, llamaba la atención.

Al día siguiente lo invitamos a un cine para que viera el reportaje y quedó más que complacido, eufórico. Nos invitó a su hotel y en la habitación nos brindó unos tragos. Dalí era una persona increíble. Nos habló para que fuéramos con una cámara a su hotel a filmar en su habitación un experimento que deseaba hacer. Había rellenado con muy poca pólvora algunos cartuchos de bala, cada uno con una pintura distinta. Cuando nos avisó, comenzamos a filmar mientras él disparaba esas balas contra un lienzo que había colocado en un atril. Aquello resultó en una explosión de colores sobre el lienzo. Dalí quedó muy satisfecho con lo que había hecho y poco después le regalamos una copia de la película que habíamos filmado. A los pocos días regresó a España y no lo volví a ver. Lo que siento es que nunca le pedí un autógrafo o algo similar para guardar un recuerdo de ese artista genial.

A unos socios de *El Panamericano*, Paquito Gutiérrez Prada y su amigo Sergio Rojas, exembajador del gobierno de Castro, se les ocurrió hacer una campaña contra Fidel Castro. Esta idea se basaba en enviar por correo normal a personas en La Habana, una hoja suelta con la propuesta de que se opusieran al régimen comunista cubano. En la hoja le explicaban qué hacer para causar daños a la economía y sembrar desconfianza en el gobierno.

A esta campaña la llamaron "Operación Fantasma". Consiguieron una guía de teléfonos de La Habana, imprimieron miles del volante "Operación Fantasma" y los distribuyeron entre varios cientos de cubanos exiliados. Había que llenar los sobres con los nombres de las personas registradas en la página de la guía que les habían dado y repartieron hojas de la misma a muchas personas pidiéndoles que escribieran a mano el nombre del destinatario, la dirección del mismo con un remitente ficticio y cada uno debía costear el sello de correos. Los sobres se debían echar en distintos buzones de Nueva York y solo varios al día, para que no llegaran demasiados al mismo tiempo a La Habana. Llené más de 200 o 300 sobres. Toda mi familia ayudó, y hasta mi suegra llenó sobres.

Que se sepa, nada pasó en Cuba como resultado de esta campaña. Evidentemente la misma no tuvo efectos. Esto ocurrió a fines de 1961 y todavía el pueblo cubano, en su gran mayoría, creía en las promesas de Castro.

En los primeros días de diciembre 1961, recibí un aviso en las oficinas del noticiario *El Panamericano,* invitándome al

3er Congreso PAINT a celebrarse en México a partir del día 10 de ese mes. La invitación incluía todos los gastos. Resultaba atractivo pero estaba en Estados Unidos con una visa de *parolee*, y no podía viajar fuera del país. Le expliqué la situación a Delfín H. Pupo, socio de nuestra empresa que había sido embajador de Cuba en Canadá en años anteriores. Le dije que los cubanos exiliados socios de PAINT queríamos denunciar en dicho Congreso la falta de libertad de prensa en Cuba, y que el gobierno había confiscado nuestras empresas de noticias por cine y televisión. En el consulado de México en Nueva York estaba la autorización para otorgarnos las visas de cortesía.

Pupo llamó a un conocido en el Departamento de Estado en Washington y le explicó el problema. El señor contestó que iba a consultar el asunto y que lo llamaría. En efecto, al día siguiente llamó y dijo que yo preparara la maleta y saliera para México lo antes posible. Agregó que al llegar a Ciudad México, después de registrarme en el hotel, fuera directamente al Consulado de Estados Unidos y preguntara por el cónsul. Dicha persona me estaría esperando para resolver mi regreso legal a Nueva York.

Seguí las instrucciones y, en efecto, llegando a México fui a conversar con el cónsul americano, este me dijo que se me iba a conceder la residencia norteamericana, por lo que tenía que hacerme los análisis médicos, radiografía y demás trámites necesarios. Enseguida procedí a las gestiones y varios días después el cónsul estampó en mi pasaporte la visa como residente para así poder regresar legalmente. En aquel tiempo el presidente de México era el licenciado Adolfo López Mateo.

Los demás cubanos directores de noticiarios de cine y televisión, miembros de PAINT, conjuntamente redactamos y presentamos al Congreso una propuesta de condena al gobierno cubano por haber suprimido la libertad de prensa. Como era de esperar, los mexicanos organizadores del Congreso eran proCastro, pero los directivos de PAINT, en su mayoría sudamericanos, demócratas y partidarios de la libertad de prensa, insistieron en que nuestra propuesta era correcta, correspondía a los principios de PAINT y debía aprobarse. Los mexicanos ofrecieron una contrapropuesta: aprobarían nuestra propuesta pero no sería leída en la ceremonia de clausura donde estarían presentes personalidades del gobierno.

Nosotros aceptamos la oferta, pero pedimos copia de la resolución condenando al régimen de Castro y nos la dieron.

En mi última visita al cónsul de Estados Unidos, le conté nuestro plan de publicar en un periódico mexicano la resolución del Congreso de PAINT, condenando al régimen de Castro. Me recomendó el cónsul que esa noche no durmiera en el Hotel Alameda donde fuimos alojados los invitados al Congreso y que buscara otro lugar, ya que al proponer algo contra Castro, sus agentes podían hacernos pasar un mal rato o algo peor. Seguí su consejo y esa noche dormí en casa de un matrimonio cubano, amigos de mi padre. Al día siguiente, partimos de regreso a Estados Unidos, junto con los otros cubanos miembros de PAINT.

Ese mismo día salió publicado en un periódico de México, como espacio pagado, la resolución del Congreso de PAINT, condenando al gobierno cubano por haber suprimido la libertad de prensa en la isla.

Por otra parte, en 1962 Manuel de la Pedrosa viajó por Centroamérica, Panamá y República Dominicana, países que nunca habían tenido noticiarios de cine como tenían Cuba, Puerto Rico, México y varios países de América del Sur.

Contratando camarógrafos locales y un representante nuestro en cada capital de Centroamérica, Panamá y República Dominicana, comenzamos a recibir en Nueva York reportajes filmados de esos países que incluíamos en nuestros noticiarios de cine y televisión, para ser distribuidos en los cines hispanos de EEUU y en los países centroamericanos, Panamá y República Dominicana.

Viaje a Perú

En junio de 1962, viajé con Manolito Casanova como camarógrafo a cubrir las elecciones de Perú y explorar la posibilidad de ampliar nuestras operaciones a ese país. En ese mercado existía un noticiario de cine, *Sucesos Peruanos,* propiedad del Sr. Franklin Urteaga. Como lo conocía a través de PAINT, logré sus facilidades del laboratorio fílmico para revelar los reportajes que filmamos.

Durante ese viaje logramos filmar entrevistas con los principales candidatos que eran: Fernando Belaúnde Terry, del Partido Acción Popular; Víctor Raúl Haya de la Torre del APRA y el general Manuel A. Odría, de Unión Nacional Odriísta. También entrevistamos a personas del Tribunal Electoral.

Víctor Raúl Haya de la Torre, político peruano, se educó en las universidades de Lima y Londres. Ya como estudiante inició actividades políticas, centradas en la idea de extender la educación a las clases trabajadoras. Su oposición a la dictadura de Augusto B. Leguía le llevó a la cárcel, de donde salió tras una huelga de hambre para exiliarse en México. Allí fundó en 1924 el APRA (Alianza Popular Revolucionaria Americana), un partido populista de ideología nacionalista.

Regresó a Perú tras el derrocamiento de Leguía, participando en las elecciones de 1931, pero la victoria le fue arrebatada por Sánchez Cerro, que se lanzó a la persecución del APRA, encarcelando a su líder. En 1936 tuvo que exiliarse de nuevo al ser anuladas las elecciones en las que había triunfado el candidato apoyado por el APRA. Tras regresar a la actividad política en 1943, el golpe de Estado de 1948 le obligó a refugiarse en la embajada de Colombia en Lima, de donde no pudo salir hasta que en 1954 se le permitió exiliarse en México; volvió a Perú en 1957.

Cubriendo la campaña política, una noche fuimos a un mitin del APRA en el Campo de Marte en Lima. Subimos mi camarógrafo, Manolo Casanova, y yo a la tribuna desde donde Haya de la Torre le habló a sus partidarios. Había allí más de 300 mil personas y era muy impresionante.

El discurso del candidato fue elocuente y lleno de emoción. Al final decía: "En la lucha" y el pueblo coreaba: "Hermanos"; "En la cárcel" y respondía la multitud "Hermanos" y por último dijo: "En la victoria" respondiendo todos "Hermanos". Esa noche, el discurso y la emoción que había entre el orador y su pueblo, son recuerdos imborrables en mi carrera profesional.

Una mañana entrevistamos a un coronel, jefe de Relaciones Públicas de las fuerzas armadas peruanas. Me sorprendió que durante la entrevista me dijera que los militares no iban a permitir que triunfara el APRA, porque años antes partidarios de ese partido habían atacado un cuartel del ejército y habían matado a varios soldados. Esa misma tarde me reuní con Haya de la Torre y le conté lo que me había dicho el coronel. Eso sucedió un martes y las elecciones eran el domingo siguiente. Le sugerí que una respuesta a esa situación era organizar para el jueves o viernes una manifestación de partidarios del APRA en todas las ciudades, llevando carteles que dijeran "defenderemos con nuestras vidas el resultado de las elecciones".

Era un aviso a los militares para que desistieran de su intención de impedir el triunfo del APRA. Haya de la Torre me escuchó y me dijo que analizaría mi sugerencia. Al día siguiente me informó que no iba a convocar una manifestación, pues no quería que corriera sangre peruana. Como se esperaba, el APRA ganó las elecciones, pero fueron anuladas por los militares.

Víctor Raúl Haya de la Torre, tuvo un gesto que mucho agradecí. Me obsequió un libro escrito por él y un documental fílmico con la historia del APRA. Esto tenía un gran valor histórico, pero lamentablemente, durante un ciclón en Santo Domingo, el viento tumbó las ventanas de mi oficina donde estaba guardado y el agua inundó todo ese archivo, echando a perder varios filmes, entre ellos esa historia del APRA.

Leyendo la prensa en Lima me enteré que en un hotel de allí estaban actuando Olga Guillot y la pareja de baile Mitsuko y Roberto. En otro hotel estaban en el show, Gustavo Roig y sus "mamboletas". Hicimos contacto con ellos y un par de veces almorzamos juntos, todo el grupo. Un día Olga nos dijo que estaban poniendo en un cine de Lima la película *West Side Story*. Allí fuimos todos esa tarde porque los artistas tenían su show de noche. Llenamos una fila de asientos en el cine. A mí me tocó sentarme al lado de Olga; ni a ella ni a mí se nos olvidó esa aventura. Años después, cada vez que nos veíamos, lo recordábamos.

Un domingo todo ese grupo de artistas, Manolito Casanova, el camarógrafo y yo alquilamos un van y nos fuimos a pasear fuera de Lima. En las ruinas de Cajamarquilla, Mitsuko y Roberto subieron e hicieron un número de baile moderno. Manolito captó todo con la cámara de películas. Olga no se quedó atrás y también subió y cantó una pieza. Ese reportaje causó sensación en los cines cuando lo presentamos en el noticiario *El Panamericano*. Era el mes junio de 1962.

Durante nuestra estadía en Lima probé varios platos típicos peruanos. En el restaurante Las 13 monedas comí anticucho. En el típico Rosita Ríos, a la cabeza del puente, probé varios platos más y en el hotel comimos un día Pato a la chiclayana. Ese viaje de varias semanas en Lima fue toda una aventura.

De vuelta a Nueva York

Después del fracaso de Bahía de Cochinos en 1961, un gran desánimo se apoderó del exilio. La resistencia de Cuba había sido reducida al mínimo. Muchos fueron capturados o fusilados, otros sentenciados a prisión con largas condenas. Unos pocos afortunados lograron asilarse en embajadas o salir del país por otras vías.

Fidel Castro se consolidó en el poder con la victoria sobre la Brigada 2506. Los brigadistas lucharon con gran valentía pero fueron derrotados al no recibir la ayuda aérea prometida por el gobierno norteamericano. El presidente John F. Kennedy decidió cambiar el lugar del desembarco, reducir los vuelos de los B26 de la Brigada, que hubieran podido destruir en su totalidad la aviación de Castro. Negarle el apoyo a la brigada fue un factor decisivo en el futuro de Cuba y su pueblo, que quedó sometido a más de medio siglo de pobreza, hambre y total falta de libertades, dentro de un régimen comunista.

El 22 de octubre de 1962, el presidente John F. Kennedy habló por televisión en todas las emisoras de Estados Unidos, anunciando que la URSS había colocado en Cuba misiles que podían llegar a territorio norteamericano, incluso a Washington D.C. y a Nueva York. Esta situación no era aceptable para el gobierno y el pueblo norteamericano, por lo que Kennedy exigió a Nikita Khrushchev el retiro de los misiles, o Estados Unidos entraría en Cuba para quitarlos. Enseguida empezamos en el noticiario *El Panamericano* a preparar un reportaje especial sobre esta crisis, conocida como *La Crisis de los Misiles*.

Llamé a las oficinas de Relaciones Públicas del Pentágono y solicité acceso, como medio de prensa, a las fotos e información sobre los misiles que nos pudieran dar. Me contestaron que todo lo que yo tenía que hacer era ir a las oficinas de ellos y recogerlos.

Al día siguiente, temprano en la mañana, salí para Washington D.C. Fui al Pentágono, a las oficinas de Relaciones Públicas y recogí las fotos e información que necesitaba. Claro está, el gobierno norteamericano estaba muy interesado en la divulgación de este peligro para el país para justificar cualquier acción militar que tomaran contra Cuba.

Filmamos las fotos, conseguimos más detalles y entrevistas. Hicimos un largo reportaje especial que publicamos en nuestra cadena de cines hispanos de Estados Unidos, Centroamérica, República Dominicana y asimismo por televisión.

Años más tarde me llamó Carlos Alberto Montaner y me dijo que Univisión precisaba material de archivo de la crisis de los misiles y que sabía que yo había hecho un buen reportaje sobre el tema. Le contesté que sabía que Univisión había hecho una buena cobertura de un viaje de Jorge Mas Canosa a Angola donde se reunió con Jonas Savimbi, el jefe de los rebeldes y le propuse un cambio de materiales. Por medio de Carlos Alberto Montaner se logró el intercambio, que fue bueno para nuestros respectivos archivos.

En noviembre de 1962, Diego González "Tendedera", periodista del *Diario La Prensa* en Nueva York, me habló para rentar el Carnegie Hall, el famoso teatro de la Avenida 57, y presentar allí un espectáculo puertorriqueño, ya que la principal comunidad hispana en la ciudad eran de esa isla. Expuso que él en el periódico y nosotros con el noticiario en los cines, más el programa *El Panamericano en el Aire* por radio en la emisora WBNX, podíamos hacer una buena publicidad que llenaría el teatro y que eso nos podía proporcionar algunos beneficios económicos.

Fuimos al Carnegie Hall y nos informaron que la renta por una noche era seis mil dólares, pagados por adelantado. Con ese dato, hablamos con Juan Ángel Bras, para que fuera el maestro de ceremonias durante la función y nos asesorara. Decidimos contratar a Mirta Silva, artista muy popular, para que encabezara el elenco. También se contrató a Yomo Toro, al Chuito de Bayamón y otros para completar el programa.

Entre Diego González y nuestra empresa reunimos tres mil dólares para dar el depósito necesario y alquilar el Carnegie Hall. El resto del dinero había que darlo, como mínimo, tres días antes de la función. Comenzó la propaganda en forma y la venta anticipada de tickets. Tan pronto reunimos los tres mil dólares que faltaban para el teatro, se completó el pago.

Contratamos a los músicos que acompañarían a los artistas y seguimos con la propaganda. La tarde del día de la función hicimos el ensayo con los músicos y cantantes.

Esa noche llovió y hacía frio. No se vendieron muchas entradas pero gracias a la venta anticipada, se recaudó lo suficiente para cubrir los costos y nos sobró algo más de mil dólares. La mitad para Dieguito y la otra parte para *El Panamericano*.

Esta suma no compensó el esfuerzo, riesgos tomados y la propaganda que hicimos. Lo que ganamos fue experiencia. Ahí mismo decidí que no repetiría una aventura así.

Se me ocurrió, a fines de 1962, organizar una demostración masiva de cubanos exiliados frente al edificio de las Naciones Unidas. Hablé con los dirigentes de las organizaciones del exilio y les expliqué que este esfuerzo era como decir al mundo que a pesar de Bahía de Cochinos, los cubanos continuábamos buscando la libertad de nuestra patria. Tendríamos un solo lema, "Queremos fusiles" para liberar a Cuba.

Nuestro noticiario de Cine, Radio y TV, comenzó a publicar mensajes exhortando a los cubanos de Nueva York, Nueva Jersey, Chicago, Miami, y otras ciudades, a asistir a esa manifestación pacífica frente a las Naciones Unidas. Se solicitaron y obtuvimos los permisos requeridos por la policía para el acto.

Ese día de invierno, a finales de 1962, había bastante frío, pero a pesar de eso acudieron a la cita más de seis mil cubanos con letreros de "Queremos fusiles". Resultó impresionante. Este acto fue filmado ampliamente por nuestro noticiario y fragmentos del mismo fueron incluidos en un documental que hicimos pocos meses después.

Los canales de noticias norteamericanos cubrieron el evento. El de CBS me entrevistó para conocer el porqué de esta manifestación. Les contesté que era para dar a conocer que el exilio cubano estaba presente y dispuesto a luchar por la libertad de la patria. Esa tarde, a las 6 pm, vi la noticia del desfile y mi entrevista por ese canal.

Al año siguiente, *El Panamericano* produjo un documental de largometraje de 80 minutos titulado *Cuba Satélite 13*, donde se incluyó un segmento del reportaje sobre la crisis de los misiles. Se estrenó simultáneamente en once cines de Nueva Yor

Nueva York, 1963. Eduardo Palmer entrevistado por una cadena nacional de TV el día de la manifestación frente a las Naciones Unidas.

Fue tanto el éxito de audiencia que los empresarios de los cines extendieron su estreno a una segunda semana. Manuel de la Pedrosa fue el director de *Cuba Satélite 13*, y yo el productor.

Después de cubrir los cines de Nueva York, *Cuba Satélite 13* se exhibió en Filadelfia, Chicago, San Antonio, Miami y en otras muchas ciudades de Estados Unidos, de fuertes comunidades hispanas.

En ese año 1963, no fue posible colocar *Cuba Satélite 13* en cines de América Latina. Los empresarios decían que tenían miedo a que le pusieran una bomba en el cine, ya que como el documental presentaba a Fidel Castro como un tirano, el público mayormente procastrista iba a protestar violentamente.

En conclusión *Cuba Satélite 13* solo se exhibió en Estados Unidos. Esta película realizada en 1963 quedará en la cinemateca cubana para el futuro, como el primer largometraje anticastrista en el exilio.

Meses después se estrenó en Nueva York *La Cuba de Ayer* de Manolo Alonso, una bonita película con muchas secuencias, donde se puede apreciar lo bella que era Cuba antes de Castro.

Todo siguió normal en las operaciones del noticiario *El Panamericano*, hasta que un día un grupo de cubanos exiliados asaltaron las oficinas de Prensa Latina, ubicada en la calle 47, que era el centro de las tiendas de venta de diamantes. Los asaltantes lograron dominar a los de Prensa Latina, los amarraron y aprovecharon para robar parte de los archivos y documentos. Esta agencia era manejada por el gobierno cubano. Manolo Casanova, nuestro camarógrafo, pudo filmar toda la noticia. Tal parece que él estaba avisado de la operación. El reportaje que presentó nuestro noticiario esa semana, fue sensacional.

La policía y el FBI visitaron nuestras oficinas y le hicieron preguntas a Casanova, sobre cómo él había filmado esas escenas del asalto a Prensa Latina. Manolo les explicó que había recibido una llamada anónima informándole que si quería dar un "palo" periodístico que fuera con su cámara inmediatamente a las oficinas de Prensa Latina. Le dijo a la policía que no sabía de qué se trataba, pero que su deber como periodista era ir con urgencia a cubrir la noticia. El caso fue que la policía y el FBI aceptaron la explicación de Casanova y no lo molestaron más. Para mí estaba claro que Manolo sabía lo que iba a pasar, pero guardó el secreto.

En 1963, la empresa United Fruit Company, dedicada al cultivo de plátanos en sus fincas ubicadas en Centroamérica, decide dejar ese negocio y donar esas tierras a la Organización de Estados Americanos para ser usadas en centros de enseñanza de cultivos agrícolas. Como nuestro noticiario de cine se exhibía en los teatros de todos los países de Centroamérica, el departamento de relaciones públicas de la United Fruit Co. nos contrató para que cubriéramos el evento con el objetivo de dar una buena imagen a la empresa.

El acto de donación de las tierras iba a tener lugar en la sede de la OEA en Washington D.C a las 10:30 am de un día determinado. Esa mañana, a las 8:00 am, con el equipo técnico, tomamos el transporte de la línea aérea, Eastern Airlines, para volar de Nueva York a Washington D.C., pensando que como el vuelo tomaba 45 minutos, nos daba suficiente tiempo para llegar, tomar un taxi y salir para la OEA.

Con lo que no contaba era que en Washington D.C. hacía mal tiempo y el avión no podía aterrizar. El piloto anunció a los pasajeros que le habían ordenado dar vueltas por esa zona hasta que pudiera aterrizar. La demora fue de más de una hora. Por fin tocamos tierra, tomamos el taxi y llegamos a la OEA. Cuando entramos y preguntamos, nos informaron que el acto ya había terminado y los invitados estaban en otro salón disfrutando de una recepción. La noticia me causó un gran disgusto porque el importe del contrato era de cinco mil dólares, muy importante para nuestra economía. Además estaba en juego nuestro prestigio como compañía seria y cumplidora y no queríamos fallar.

Como la necesidad es madre de la invención, se me ocurrió hablar con el Sr. José A. Mora, Secretario General de la OEA y explicarle la situación y la razón de nuestra demora involuntaria. Le pedí que se hiciera de nuevo el acto de la donación de las tierras y él me dijo que si el Sr. Herbert Cornuelle, presidente de United Fruit Company y el Sr. De Lesseps Morrison, embajador de los Estados Unidos en la OEA, estaban de acuerdo, haría el acto de nuevo. Hablé con los dos señores indicados y ambos accedieron. Bajamos al salón donde se había firmado la donación, se repitió todo simulando las firmas y así pudimos filmar el acto, cumplir con el contrato y regresar a Nueva York. Se reveló la película, fue editada y se incluyó el reportaje en la próxima edición del noticiero para Centro América. Como era de esperar, facturamos el trabajo y cobramos oportunamente, con la satisfacción del deber cumplido.

En ese año pude cubrir el acto de apertura de la *Alianza para el Progreso* creada por el presidente John F. Kennedy con un fondo de treinta mil millones de dólares para ayudar al desarrollo de América Latina y contrarrestar la influencia de Fidel Castro en la región. Kennedy nombró al puertorriqueño Teodoro Moscoso para dirigir la operación. El día que se presentó el plan a la prensa pude entrevistar al Sr. Moscoso.

Con Teodoro Moscoso, presidente de la Alianza para el Progreso, Nueva York, 1963.

CAPÍTULO 2
REPÚBLICA DOMINICANA

La comunidad hispana de la ciudad de Nueva York crecía en forma acelerada. Al flujo de puertorriqueños se le sumó el de los dominicanos y los cubanos, exiliados políticos. En *El Panamericano*, decidimos abrir una sucursal en Santo Domingo para cubrir las noticias en Dominicana e incluirlas en nuestro noticiario que circulaba en los cines hispanos de varias ciudades de Estados Unidos, principalmente en Nueva York.

En 1962 organizamos la *Productora Fílmica Dominicana*. Contratamos a Manuel Báez como camarógrafo. Báez nos enviaba a Nueva York los rollos (expuestos pero sin revelar) de 35 mm blanco y negro y los datos de la noticia. Una vez procesadas, incluíamos esas noticias en el noticiario fílmico semanal. Cuatro copias del noticiario se enviaban a Santo Domingo y a cada país de Centroamérica. Nuestro distribuidor en Dominicana, el Sr. Rafael Villanueva, representante de películas mexicanas, las enviaba a los cines de la cadena Rialto para la semana de estreno y después a otros cines.

A fines de ese año 1962, hubo elecciones libres y democráticas en República Dominicana y el profesor Juan Bosch ganó la presidencia por buen margen.

Juan Bosch tomó posesión como presidente dominicano el 27 de febrero de 1963. Días antes viajé a Santo Domingo y alquilé una oficina en el edificio El Palacio, en la esquina de las calles El Conde y 19 de marzo. Puse a mi padre, que vino de Palma de Mallorca, a cargo de la oficina.

A partir de ese momento, el noticiario *El Panamericano* se comenzó a exhibir en los cines Leonor, Elite, etc. del circuito Ginebra. Cinerevista, una empresa competidora, había contratado con exclusividad el circuito Rialto dejando fuera del mismo a *El Panamericano*.

En el año 1964 se produjeron varios cambios en *El Panamericano Productions*. Manuel de la Pedrosa, socio de la empresa, sufrió un ataque al corazón y una vez restablecido decidió irse retirado a España, su tierra natal. Paquito Gutiérrez Prada fue nombrado gerente de ventas de una nueva cerveza que salió al mercado hispano de Nueva York. Por último, Delfín H. Pupo, el otro socio que quedaba, debido a su edad, se retiró también.

Me quedé solo a cargo de la empresa, pero eso lejos de ser un triunfo representó ser una dificultad, porque una sola persona no podía manejar la empresa y sus operaciones internacionales. Cerramos las corresponsalías en Centro América y desistí de abrir otra en Venezuela. Quedó solamente la sucursal de República Dominicana, que era un mercado con futuro. Allí teníamos oficinas abiertas, un camarógrafo, personal de oficina y vendedores.

Trabajé desde finales de 1964 como gerente de ambas oficinas, la de Nueva York y la de Santo Domingo.

En octubre de 1964 fue celebrado en Santo Domingo el 4to. Congreso Mundial de PAINT (Primera Asociación Internacional de Noticiarios de Cine y Telenoticieros). Acudieron los directores de estos medios de América Latina, Estados Unidos y Europa.

El gobierno dominicano se esmeró en agasajar a los visitantes. Claro está, que todos los directores estaban acompañados por sus camarógrafos, quienes filmaban las bellezas naturales, las playas turísticas, para después exhibirlos en los cines y canales de televisión de sus países, lo cual resultaba una excelente propaganda para República Dominicana.

Durante el Congreso, el gobierno invitó a los miembros de PAINT a ver los restos de Cristóbal Colón, guardados en una urna depositada en la Catedral de Santo Domingo. Esto fue excepcional, pues nunca se abría esa urna porque se supone que al exponer los huesos al aire, se aceleraba su oxidación y deterioro. Habían pasado muchos años sin que se abriera la urna y el hacerlo implicó una gran deferencia hacia los distinguidos invitados.

Se celebraron las elecciones para la directiva de PAINT. Como yo había sido un factor importante en conseguir la invitación del gobierno dominicano y era el director del noticiero local de cine, la mayoría de los miembros de PAINT me eligieron presidente de esa organización internacional por un año.

Ese Congreso de PAINT resultó ser un evento exitoso. Los visitantes hicieron muchos reportajes y documentales acerca del mismo. El gobierno dominicano obsequió a los delegados extranjeros un documental con todos los puntos turísticos y atractivos del país, lo que sirvió para promover el turismo hacia República Dominicana al ser exhibidos por televisión y cines internacionalmente.

En ese año 1964, un amigo en Nueva York me preguntó si quería conocer al Dr. Joaquín Balaguer, el destacado político dominicano, que se encontraba exiliado en esa ciudad después que había salido de Santo Domingo a la caída de Trujillo, del que fue colaborador por muchos años. La reunión fue en un parque y nos sentamos los tres en un banco. Lejos estaba yo de saber que ese encuentro y la relación que establecí con esta destacada figura política iban a ser un factor catalizador en mi vida en los próximos 32 años.

Balaguer era, además de político, un intelectual, poeta y hombre de gran visión sobre el futuro. Admiraba profundamente a José Martí y había leído muchas obras del gran patriota cubano. Años más tarde, cuando visitaba su casa en la avenida Máximo Gómez, en Santo Domingo, observé que tenía un busto de Martí y en su biblioteca una colección completa de las obras del apóstol cubano. Balaguer era frugal, personalmente hablaba en voz muy baja; sin embargo, al hablar en un acto público, proyectaba una imagen de líder carismático.

A principios de 1965 recibí en las oficinas de *Productora Fílmica Dominicana* la visita de un cubano radicado en Santo Domingo, que me dijo que necesitaba hablar conmigo algo confidencial y que el asunto tenía que ver con Cuba. Acordamos vernos esa noche en su casa para hablar con más privacidad. Me explicó que hacía falta filmar un documental corto, de no más de 10 o 12 minutos.

Cuando le pregunté de qué se trataba, me respondió que por cuestiones de seguridad no podía darme detalles, pero si estaba de acuerdo en ayudar, debía salir dos días después, por la mañana, con el equipo y película virgen suficiente para el proyecto. Le dije que enseguida hablaría con un camarógrafo para filmar el documental. Me explicó que la única persona que podía ir era yo. Al exponerle que yo no era un camarógrafo profesional con la Arriflex 35 mm, aunque tenía nociones y había filmado algunas veces con ella, no era un experto. Me dijo que este trabajo era esencial y, por lo tanto, debía aprender lo que fuera necesario en las 24 horas disponibles antes de la salida hacia un apartado lugar en República Dominicana.

Al día siguiente hablé con Manuel Báez, el camarógrafo de la empresa y él, gentilmente, me enseñó el manejo de la cámara, cómo cargar los magazines de 400 pies, lo cual había que hacer a ciegas, usando un saco negro con huecos para meter los brazos, abrir la lata de película y poner el rollo en el magazine.

Por fin, al día siguiente al amanecer, salimos mi amigo y yo en mi carro y tomamos la autopista Duarte hacia Santiago de los Caballeros. Desayunamos en el Típico Bonao y continuamos viaje. Llegamos a Santiago y seguimos hasta Montecristi. Allí doblamos a la izquierda para ir a Dajabón y en el cruce de Copey nos dirigimos a Estero Balsa, donde montamos un bote que nos llevó a Punta Presidente.

Durante todo el viaje, mi amigo reiteró que lo que íbamos a hacer era dentro del esfuerzo por lograr ver a Cuba libre, pero que en su momento me enteraría de todo. Llegamos al atardecer a Punta Presidente y allí nos recibió el comandante Eloy Gutiérrez Menoyo, jefe militar de la organización anticastrista Alpha 66.

Me explicaron que toda esa operación era el "Plan Omega", cuyo objetivo era infiltrar guerrilleros bien entrenados, en grupos de cuatro, en distintos puntos de Cuba. No conté cuántos hombres había allí, pero me pareció que eran entre 60 y 70.

Por el día se entrenaban disparando al blanco con rifles Fal y también hacían ejercicios y corrían largas distancias para ponerse en forma. Filmé los entrenamientos y al segundo día filmé y grabé un mensaje del comandante Menoyo, que después de revelado y editado a una duración de 10 minutos, se guardaría hasta que todos los miembros del "Plan Omega" estuvieran en Cuba y entonces darían a conocer al mundo lo que estaban haciendo. El objetivo era reclamar la ayuda necesaria para seguir en su propósito de liberar a Cuba de la dictadura comunista.

Dos o tres semanas después de terminado el documental, entregué la única copia al amigo que me había llevado a Punta Presidente. Quisiera tener una copia de ese documental, pues en toda mi vida, es el único que he filmado como camarógrafo, mi función en el negocio del cine y la televisión ha sido y es la de productor y/o director, no técnico.

Lamentablemente nunca he conseguido esa copia, que dicho sea de paso, no fue exhibida, pues todos los miembros de Alpha 66 que integraban el Plan Omega murieron peleando o fueron capturados en Cuba, incluyendo el comandante Gutiérrez Menoyo, que cumplió más de 20 años en prisión.

La Guerra Civil Dominicana

El 24 de abril de 1965, estalló la guerra civil en Santo Domingo. Había tres facciones que se lanzaron a la lucha armada.

La primera estaba compuesta por los militares que apoyaban a Juan Bosch, el presidente elegido democráticamente, que en 1963 había sido depuesto por un golpe de estado. Bosch salvó su vida exiliándose en Puerto Rico. Era el líder del PRD (Partido Revolucionario Dominicano).

Depuesto Bosch, se instaló un triunvirato para gobernar el país, pero las fuerzas políticas en pugna y sectores militares que respondían a otros intereses producían inestabilidad en el desenvolvimiento del país.

La segunda era la del general Elías Wessin y Wessin, que con sus tropas apoyaba al triunvirato.

La tercera la formaban los militares que simpatizaban con el Dr. Joaquín Balaguer, líder del partido reformista, que tenía grandes simpatías en el sector de los trujillistas y en el interior del país.

Al huir los miembros del triunvirato del Palacio Presidencial, el Partido Revolucionario Dominicano tomó control del gobierno, nombrando como presidente provisional al Dr. José Rafael Molina Ureña, quien empezó a dictar órdenes para organizar la administración y colocar personas en los puestos de responsabilidad.

La fuerza aérea dominicana, que respondía al general Wessin y Wessin comenzó a atacar al Palacio Nacional. Los miembros del PRD tuvieron que abandonarlo para salvar sus vidas. De momento, el país se quedaba sin gobierno. Reinaba el caos.

En los primeros días de combate murieron más de tres mil personas. El 28 de abril, desembarcaron en Santo Domingo soldados norteamericanos que formaban parte de la Fuerza Interamericana de Paz, organizada por la OEA para intervenir en el conflicto dominicano, evitar más muertes y tratar de resolver la situación.

Los alzados ocuparon Radio Televisión Dominicana. Entre ellos Vinicio Hernández, nuestro camarógrafo de *El Panamericano*, quien pertenecía al PRD, el partido de Juan Bosch y José Francisco Peña Gómez.

Para esa fecha, había dos gobiernos en Santo Domingo. Uno en la zona de Ciudad Nueva, presidido por el coronel Francisco Caamaño Deñó; este gobierno se llamaba "Constitucionalista". De la otra parte, el gobierno de "Reconstrucción Nacional", que tenía varios miembros y era presidido por el general Imbert Barrera, héroe nacional, porque era uno de los dos sobrevivientes del asesinato de Rafael Leónidas Trujillo, dictador de República Dominicana por más de 30 años.

El general Elías Wessin y Wessin, jefe de la base militar de San Isidro, se unió a las fuerzas del general Imbert.

La OEA trataba de lograr un acuerdo entre las dos partes opuestas, para que depusieran las armas, terminar los dos gobiernos y nombrar un gobierno provisional que convocara a elecciones generales y se normalizara el país. Estados Unidos, por su parte, comisionó al embajador Ellsworth Bunker para mediar en el conflicto.

Mientras duraban estas gestiones, los constitucionalistas y las fuerzas armadas opuestas combatían entre sí, en los barrios donde no llegaba la Fuerza Interamericana de Paz (FIP).

Nuestro noticiario de cine, *El Panamericano,* en Santo Domingo cubrió todo este proceso desde el mismo 24 de abril, en que parte del pueblo se tiró a las calles. Nuestras oficinas se encontraban en el edificio El Palacio, en las calles El Conde y la 19 de marzo y este sector fue ocupado por las fuerzas del coronel Caamaño. Nos quedamos sin acceso a las oficinas y algunos equipos; nuestros camarógrafos con solo dos cámaras que tenían en su poder cubrieron los incidentes de los primeros días. Las películas filmadas eran enviadas a nuestras oficinas en Nueva York, se procesaban los reportajes y se publicaban en *El Panamericano* en Estados Unidos. Los cines en Dominicana estuvieron cerrados durante la revolución.

Cuando comenzó la revolución, yo estaba de vacaciones en Nueva York. Mi padre había quedado a cargo de *El Panamericano* en Santo Domingo. Tan pronto me enteré traté de regresar a República Dominicana, pero los aeropuertos de allí estaban cerrados y no había comunicación aérea ni telefónica.

Mis contactos en la prensa de Nueva York me informaron que se había convocado una reunión de emergencia de la OEA, en Washington. El 25 de abril tomé un vuelo hacia la capital y fui directo a la OEA. Allí hablé con otros periodistas que también querían ir a Santo Domingo. Nos enteramos que era factible ir a San Juan, Puerto Rico y allí alquilar un avión para ir a República Dominicana. Regresé a Nueva York, preparé una maleta pequeña con lo esencial, saqué dinero del banco y empaqué una cámara Arriflex 35mm con bastante película.

Antes de partir, pensando el riesgo que representaba ir a Santo Domingo, donde se estaba librando una sangrienta guerra civil, decidí ir a una iglesia, rezar y pedirle a Dios que me protegiera en esa misión. Dejaba atrás una familia con tres hijos pequeños. Después, salí para el aeropuerto y tomé un vuelo hacia Puerto Rico.

Las noticias de Santo Domingo eran alarmantes. Se reportaban intensos combates entre los rebeldes de Caamaño y las fuerzas del general Wessin. De acuerdo con esas noticias había miles de muertos, se había producido un álgido combate en el puente Duarte, y bombardeos aéreos por las fuerzas del gobierno provisional del general Imbert. Todo era incertidumbre y estaba muy preocupado por mi padre y Loly, su esposa, que vivían en el barrio de Ciudad Nueva ocupado por los rebeldes.

Al llegar a San Juan, Puerto Rico, contacté a los periodistas con quienes hablé en Washington. Uno de ellos había logrado un acuerdo con un piloto de un DC-3 que nos llevaría a Santo Domingo. Entre todos pagamos el alquiler del avión. El arreglo solo incluía dejarnos allí, pero excluía el regreso. El piloto, dueño del avión, se encargó de los permisos de vuelo en San Juan.

Una hora después, despegamos del aeropuerto de Isla Verde con destino a Quisqueya. Éramos seis periodistas. Uno de ellos era de un canal de TV de Venezuela, acompañado de su camarógrafo. Otro era de una estación de radio hispana de Nueva York. Los otros eran periodistas de Puerto Rico y yo.

Aproximadamente a los 15 minutos de despegar, me asomo a una ventanilla y observo que un líquido negro se estaba esparciendo por el ala derecha. Avisé al piloto y cuando miró nos dijo que teníamos que volver a San Juan con urgencia, pues el líquido negro era aceite y que fácilmente una chispa podría prenderlo y el avión se incendiaría. Regresamos a San Juan sin incidentes. El piloto nos dijo que tomáramos habitaciones en el hotel del aeropuerto, ya que el arreglo del salidero de aceite podía tomar varias horas. Apuntó los nombres de todos nosotros para avisarnos cuando el avión estuviera listo.

Esas pocas horas en el hotel me sirvieron para descansar; había dormido poco desde que comenzó la guerra civil en Santo Domingo. Cinco o seis horas después, el piloto nos avisó que el avión estaba listo.

Estábamos ya en vuelo cuando el piloto nos informó que había recibido permiso para aterrizar en la base de la fuerza aérea dominicana en San Isidro. El aeropuerto internacional de Punta Caucedo estaba cerrado. Ir de San Isidro hasta Santo Domingo por carretera era extremadamente peligroso por los combates entre los insurrectos y los militares que seguían al general Wessin y Wessin.

Llegamos al aeropuerto militar de San Isidro, y allí descendimos del avión, que sin apagar los motores, dio la vuelta y regresó a Puerto Rico.

Enseguida hicimos contacto con el encargado de prensa de la fuerza aérea dominicana, que fue muy atento con todos nosotros. Nos explicó que la única forma de llegar a Santo Domingo era si la fuerza aérea norteamericana nos llevaba en uno de sus vuelos en helicóptero. Habló con algunos oficiales americanos y logró que nos incluyeran en uno de esos vuelos.

Mientras esperaba por el vuelo a Santo Domingo, fui testigo de un espectáculo impresionante: Aviones C-130 norteamericanos aterrizando cada dos minutos. De la pista de aterrizaje viraban, abrían sus puertas y bajaban los militares; por las rampas de atrás descargaban jeeps, vehículos blindados y tanquetas. Una vez vacíos, sin apagar los motores, volvían a la pista y despegaban. Así, cada dos minutos aterrizaban, descargaban y regresaban a sus bases en Estados Unidos.

La OEA había formado, de emergencia, una fuerza interamericana de paz para intervenir en el conflicto dominicano y evitar la muerte de miles de civiles y militares, combatientes de ambos lados. Además de Estados Unidos, Brasil, Paraguay, y Honduras, otros países del hemisferio enviaron tropas para integrar la Fuerza Interamericana de Paz (FIP), que estaba bajo el mando del general brasilero Hugo Panasco Alvin y como segundo, el general norteamericano Bruce Palmer.

Ya era el 27 de abril; habían pasado tres días de estallar la guerra civil. Por fin avisan que nos van a trasladar en helicóptero a Santo Domingo. Montamos y nos ponemos los cinturones de seguridad. Diez minutos después de estar en vuelo, sin previo aviso, el helicóptero asciende violentamente y el piloto nos explica que tuvo que subir porque desde tierra, de las azoteas de los edificios de la ciudad, nos estaban disparando. Gracias a Dios llegamos sin más problemas a los campos del hotel El Embajador. Allí todo era confusión. Yo llevaba una cámara Arriflex y pude filmar algo del ambiente. En la base militar de San Isidro no nos permitieron filmar por cuestiones de seguridad.

Como era de suponer, no había habitaciones disponibles en el hotel El Embajador, ni en el Hispaniola. Tuve que ir a casa de un amigo cubano, Pedro Martínez, que vivía en la calle Benito Monción en Gascue y pedirle que me albergara en su casa, que me dejara dormir en el sofá de la sala. Cariñosamente, Pedro y su esposa Mima accedieron a hospedarme.

Había toque de queda; desde las nueve de la noche hasta las seis de la mañana, no se podía salir a la calle. Los militares del ejército le disparaban al que desafiara esa disposición. Esa tarde conseguí recoger la camioneta del noticiero *El Panamericano*, del que yo era director. Mi padre había dejado el vehículo a cargo de un camarógrafo nuestro, quien me dijo que no sabía nada de mi padre, dónde había ido, ni qué le había pasado. Eso me preocupó bastante, pues mi padre, cubano exiliado, era conocido como anticastrista en la zona de Ciudad Nueva de Santo Domingo, donde vivía y teníamos la oficina. Como algunos de los alzados simpatizaban con Fidel Castro, temí que hubieran ido a buscar a mi padre y a Loly, su esposa.

Al día siguiente, a las seis de la mañana, tomé la camioneta para ir hacia la calle Pasteur, que era la línea divisoria entre la zona de los rebeldes y la de los militares del Gobierno de Reconstrucción Nacional, como se llamaba el gobierno provisional dirigido por el general Manuel Imbert.

Estacioné el vehículo y me fui caminando hasta el parque Independencia. Entré en el sector de Ciudad Nueva tratando de llegar a la oficina de *El Panamericano*. De pronto oigo una voz que grita mi nombre, "Eduardo Palmer", varias veces. Me quedé pasmado pues pensé que corría peligro en ese sector. Miré y me di cuenta que era un buen amigo que vivía en esa zona y se había alegrado de verme. Seguí hasta nuestras oficinas en el edificio El Conde y Hostos. Subí, abrí la oficina y comprobé que todos los equipos estaban allí. Al salir, cerré la puerta dejando todo igual que lo encontré.

Las patrullas militares de los Constitucionalistas estaban recorriendo las calles y no era posible sacar nada de la oficina. Me aventuré a seguir un par de cuadras más para llegar hasta donde vivía mi padre y allí me informaron que desde el 25 de abril no sabían de él ni de Loly. Regresé entonces adonde tenía estacionado el carro, del otro lado de la calle Pasteur, y me fui de allí.

El 28 de abril estaba filmando una columna de camiones con soldados norteamericanos en la Avenida Máximo Gómez, cuando de pronto llega en un auto, Ángel Ramis, un español amigo mío radicado en Santo Domingo. Me preguntó si había filmado en el sector constitucionalista de Ciudad Nueva para comprobar que en esa zona había orden y un gobierno establecido. Le respondí que no me atrevía debido a mi condición de cubano anticastrista. Me dijo que él era amigo personal del coronel Caamaño y me garantizaba que no me pasaría nada, que lo siguiera en mi auto y que iríamos directamente a ver al coronel Caamaño. Tuve confianza en él y cumplí con su petición.

Con cierta preocupación monté en mi camioneta y lo seguí hasta cruzar el cinturón de seguridad en la calle Pasteur. Entramos en la zona rebelde y llegamos a las oficinas del líder de los rebeldes, el coronel Francisco Caamaño Deñó. Ramis me lo presentó y le explicó que me había sugerido que filmara en Ciudad Nueva para demostrar que allí había orden y un gobierno organizado. Caamaño me ofreció una escolta para garantizar mi seguridad. Le expliqué que para hacer una cobertura completa, necesitaba los equipos que estaban en las oficinas cerradas de *El Panamericano*, en las calles El Conde y 19 de Marzo. Me pidió que con la escolta que me había brindado fuera inmediatamente y recogiera los equipos. Sin pensarlo más fui directo a las oficinas del noticiario y con la ayuda de los escoltas, saqué los equipos de más valor y los pusimos en la camioneta. Pude filmar algunas escenas en las calles de Ciudad Nueva, después llevé a los escoltas, les di las gracias y salí de allí rápidamente. Había rescatado los equipos del noticiario y comprobado que, en efecto, en ese sector había orden y seguridad.

La situación en el país era desesperada. Los bancos, muchos comercios y tiendas de víveres estaban cerrados. Santo Domingo estaba paralizado. Hasta los cines estaban cerrados. Era difícil conseguir donde comer algo.

A través de amistades pude averiguar que Héctor Bernardino, ejecutivo de ventas del noticiario, era miembro de la Organización 14 de Junio que formaba parte de los alzados bajo la dirección del coronel Caamaño. Héctor, que era buen amigo mío, había sacado a mi padre y a Loly del sector rebelde y los había dejado cerca del hotel El Embajador, pues desde allí el consulado norteamericano evacuaba a los ciudadanos de Estados Unidos y a otros extranjeros residentes en Santo Domingo, en barcos hacia Puerto Rico. Estuve en Dominicana varias semanas, y un mes sin saber de mi padre y Loly.

A pesar de la presencia de las Fuerzas Interamericana de Paz, diariamente había encuentros entre las fuerzas de Caamaño y las del general Imbert. Con una cámara de 35 mm trataba de filmar lo que podía, con la idea de hacer un documental de todo el proceso. Nuestro camarógrafo, Vinicio Hernández, junto con su esposa se habían refugiado en el pueblo de Salcedo, en el interior del país. Vinicio se había destacado en la toma de RTV Dominicana por los alzados, pero dos o tres días después las fuerzas del Gobierno de Reconstrucción (Imbert) recobraron la emisora tras un fuerte combate y Vinicio estimó que su vida estaba en peligro; por eso se fueron para Salcedo, donde vivían los padres de Mary, su esposa.

Robert Mitchell, vendedor de *El Panamericano*, aprendió a filmar y también cubría algunas actividades para nosotros y para la United Press, que le pagaba en dólares los reportajes. Un día, cubriendo un combate, recibió un tiro en el hombro. Después de estar varios días en un hospital, volvió a filmar. Cuando acabó la guerra civil, no supimos más de él.

Me enteré que las fuerzas de Imbert iban a entrar a la zona norte de Santo Domingo, sector que estaba dominado por los constitucionalistas (Caamaño). Fui al cuartel militar que estaba cerca de la zona norte y le pedí al mayor que iba al mando de la operación, que me permitiera entrar como reportero acompañando a los soldados. Me indicó que desistiera de mi empeño, porque temía que dicha incursión iba a ser peligrosa para los militares y para mí. Me sugirió que volviera al día siguiente y que entonces evaluaría mi petición. Seguí su consejo y me retiré.

Al día siguiente, cuando regresé al cuartel, el mayor, cuyo nombre no recuerdo, me informó que la columna que entró en ese sector de la zona norte, había caído en una emboscada y que sus fuerzas tuvieron ocho bajas y muchos heridos. Siempre agradecí a ese mayor el acertado consejo que me había dado el día anterior.

Después que las fuerzas de Imbert habían ocupado ese sector, pude entrar y filmar todos los destrozos en edificios, casas y en el cementerio de la Máximo Gómez. Todas esas escenas fueron incluidas en mi documental **24 de Abril**, de 80 minutos de duración, que se estrenó varios meses más tarde, después que se había logrado un acuerdo entre las fuerzas beligerantes y el Dr. Héctor García Godoy, que había tomado posesión como presidente provisional.

Los cines seguían cerrados, y por lo tanto, nuestro noticiario *El Panamericano* estaba sin funcionar. Esa situación nos perjudicaba económicamente y se me ocurrió abrir un espacio por televisión para poder operar.

En esa época solamente había dos emisoras de televisión en Santo Domingo. Una era la oficial del gobierno, Radio TV Dominicana Canal 4, y otra privada, Rahintel Canal 7, cuyo accionista principal era el ingeniero Pedro Pablo Bonilla, que vivía en ese entonces en Miami. El director de Rahintel era el Dr. Héctor Pérez Reyes. Hablé con él y le pareció buena la idea de que la emisora tuviera un noticiario. Me sugirió que viajara a Miami y negociara con el ingeniero Bonilla.

Sin perder tiempo viajé a Miami y conversé con el ingeniero Bonilla, le expuse la idea y le pareció bien. Le ofrecí comprar tres espacios de media hora de lunes a sábado y media hora el domingo para el resumen de la semana. La ventaja de comprar el espacio es que la publicidad que nosotros vendiéramos nos pertenecía y con esos ingresos podíamos pagar el espacio, cubrir el costo de producción del noticiario y tener una utilidad.

Yo tenía buena experiencia en la producción de un noticiario y en la organización de un eficiente departamento de ventas.

Nos pusimos de acuerdo y firmamos el contrato en julio de 1965, para comenzar con el noticiario en enero de 1966. Hacía falta ese tiempo para hacer las compras, en Estados Unidos, de equipos para el revelado de películas en 16 y 35 mm, llevar los equipos e instalarlos en Santo Domingo, contratar personal, adquirir el equipo adicional para editar, filmar, grabar sonido y todo lo requerido para emprender la operación. Desde 1962 hasta ese momento, el proceso de revelado, edición, grabación y copias de *El Panamericano* de República Dominicana se hacían en Nueva York.

Regresé entonces a Nueva York para ordenar los equipos necesarios. Tuve la suerte de poder contratar a Jorge Piñeiro, un ingeniero cubano que había sido dueño de un laboratorio fílmico en La Habana, y estaba sin empleo en Nueva York. Gustosamente aceptó ir a Santo Domingo.

Nuestra oficina de Nueva York había logrado contratos para filmar documentales de varios pabellones, instalados por empresas privadas e instituciones, en la Feria Mundial de Nueva York. Pude dirigir el que le hicimos al *American Institute of Free Enterprise*.

Esos documentales eran para que dichas empresas pudieran conservar en su archivo histórico el recuerdo de su participación en la Feria Mundial. A nosotros nos vino de maravilla tener esos ingresos económicos para ayudar en la inversión que estábamos haciendo en Santo Domingo.

De vuelta en la capital dominicana pude alquilar la casa, localizada en la calle César Nicolás Penson #127, que había sido la residencia de Mario Fermín Cabral, quien había sido síndico (alcalde) de Santo Domingo.

Su viuda nos alquiló el local con autorización para hacer cambios en la estructura del edificio. Hacía falta abrir un pozo para garantizar el suministro de agua, factor esencial para el revelado de películas y además, construir un estudio para filmaciones.

El ingeniero Piñeiro y su asistente, Fermín Díaz, procedieron a preparar el espacio para instalar los equipos profesionalmente. Contratamos a los hermanos Waldo y Tony Pons para instalar y operar los equipos de sonido. Era la primera vez que se instalaban en el país equipos de sonido óptico de 16 y 35 mm.

Compramos cámaras de 35 mm y 16 mm, suficientes para los noticiarios y producción de comerciales. Teníamos entre ellas: Cámaras Arriflex 35 mm, Auricón 16 mm con magazines de 1200 y de 400, Bell & Howell Eyemos 35 mm y films 16 mm. Todo el equipo comenzó a llegar a Santo Domingo a principios de septiembre y se procedió a su instalación.

Para asesorar a los técnicos dominicanos, pedimos a nuestros amigos Raúl Carvizón, técnico de sonido de Reela Films en Miami, y a Orlando Jiménez Leal, destacado director de fotografía, que pasaran una semana en Santo Domingo para ayudar a nuestros técnicos de *Productora Fílmica Dominicana* a familiarizarse con los nuevos equipos adquiridos.

La casa era de dos pisos. Los bajos se utilizaron para las oficinas de los noticiarios de cine y TV. Se prepararon cuartos de edición para el noticiario de cine y para comerciales. Además se instaló un cuarto de edición en 16 mm para el noticiario de televisión. Ambos cuartos de edición tenían moviolas, pegadoras y enrolladoras. También estaba el estudio de filmación, los baños, el laboratorio de revelado, el almacén de películas, la cocina y el comedor.

En los altos habilitamos 3 habitaciones para vivienda. En una dormía yo; en otra Cecilio Vázquez y Publio Ruiz y la otra para el ingeniero Piñeiro y Delfín Díaz. También se instalaron las oficinas de contabilidad, de administración, de las secretarias y el cuarto de edición de 35 mm para el noticiario de cine y los comerciales.

El estudio y laboratorio en blanco y negro de *Productora Fílmica Dominicana* SxA., que era nuestra empresa, estuvieron listos a principio de enero de 1966. El 16 de ese mes salió al aire por Rahintel Canal 7, cubriendo todo el país, el Noticiario Nacional de televisión, teniendo como presentador de noticias a René Martínez, como director a Vinicio Hernández y como comentarista a Salvador Pitaluga.

Mientras proseguía la construcción del estudio, seguíamos cubriendo las noticias que sucedían a diario en Santo Domingo. En nuestras nuevas oficinas, en la César Nicolás Penson # 127, recibíamos las informaciones de las cosas que sucedían. Un día nos avisaron que en la Avenida George Washington habían incendiado un auto. Enseguida salimos Vinicio Hernández, con su cámara, y yo a cubrir la noticia.

Llegamos al lugar y Vinicio comenzó a filmar. De pronto comenzaron a ocurrir explosiones provenientes del auto incendiado. Parece que en el mismo había balas y con el calor empezaron a explotar. A dos cuadras a la derecha había un cuartel de soldados paraguayos que creyeron estar bajo ataque. Empezaron a disparar en nuestra dirección. A nuestra izquierda, en el local donde tiempo más tarde se instaló el Conservatorio de Música, estaba ubicado un cuartel de la policía. También ellos creyeron estar bajo ataque y comenzaron a disparar en nuestra dirección. Vinicio y yo, desde el primer disparo, nos tiramos boca abajo en la acera de la avenida, del lado del mar. Las balas pasaban por arriba de nosotros, de un árbol cercano caían las hojas cortadas por las balas. Un sacerdote, que resultó ser el nuncio apostólico, estaba cerca y también se tiró al piso en la avenida.

Aquello duró varios minutos que me parecieron horas. Trataba de incrustarme en la tierra para que no me vieran y ofrecer menos blanco; ciertamente eso era imposible, pero Dios nos protegió y ni Vinicio ni yo resultamos heridos. Cuando todo cesó y nadie disparaba, nos levantamos, tomamos nuestra camioneta, que sí recibió varios impactos de bala, y nos fuimos rápidamente de allí.

En ese tiempo había dos gobiernos en República Dominicana. El Constitucionalista, dirigido por el coronel Francisco Caamaño Deñó, y el de Reconstrucción Nacional, dirigido por el general Imbert Barreras. Cada gobierno tenía su gabinete de ministros, por lo cual había dos secretarios o ministros de cada rama de gobierno, o sea, dos cancilleres, dos secretarios de obras públicas, dos de salud pública, etc.

Un día se produjo una manifestación de simpatizantes del coronel Caamaño frente al Palacio Nacional. Los guardias se pusieron nerviosos y dispararon contra la multitud, resultando herida una joven llamada Sagrario Reyes. Esto provocó indignación en la ciudadanía. Nuestro camarógrafo del Noticiario Nacional, Papío Báez, pudo filmar este incidente.

Esa misma tarde recibimos un informe que en la ciudad colonial, zona ocupada por los rebeldes, habían capturado a un policía, lo habían matado y le estaban pegando fuego. En ese momento no había camarógrafos en el noticiario, agarré una cámara Bolex 16mm y le pedí al editor Freddy García, que me llevara en su motocicleta al lugar donde estaba sucediendo la noticia. Fuimos rápidamente, él manejando y yo atrás con la cámara en la mano, por toda la avenida George Washington hasta Ciudad Nueva y allí llegamos al lugar donde estaba el policía muerto y los soldados rebeldes que lo estaban quemando. Al sentir el ruido de la moto, nos apuntaron con sus armas, pero les grité: ¡PRENSA! y les enseñé que era una cámara lo que tenía en las manos y no un arma. Acto seguido comencé a filmar sin darles tiempo a hacer preguntas. Cuando había filmado minuto y medio le dije a Freddy: "Vámonos urgente". Así hicimos, con la duda de que al retirarnos nos dispararan. A Dios gracias eso no pasó y pudimos regresar a las oficinas del noticiario, revelar la película, editarla y escribir el texto.

Esa noche, en la edición estelar del noticiero a las 7 pm, salieron las dos noticias y en esa forma se mantuvo el equilibrio. Una noticia de violencia por los militares y una de violencia por los constitucionalistas.

No puedo olvidar algo que parece increíble, pero era cierto. Dentro de tanta tensión e incertidumbre, todos los días, a las doce del mediodía, paraba el tiroteo de ambos lados. Los combatientes hacían un alto para almorzar, después escuchaban a la una el programa de *La Tremenda Corte,* con el cómico cubano Leopoldo Fernández, *Tres Patines,* y una vez terminado el programa, volvían inmediatamente a sus puestos de combate y se resumían las hostilidades. Única vez en mi vida que he conocido que dentro de un conflicto armado, todas las partes hicieran una pausa al mediodía para almorzar y descansar.

La Organización de Estados Americanos trataba de terminar la guerra. No era fácil lograr la paz, ambos líderes se mantenían firmes en sus posiciones.

El noticiario de cine *El Panamericano* se exhibía en los teatros de República Dominicana desde finales de 1962; mi nombre salía en los créditos como director. Nuestra línea editorial era basada en la democracia y destacaba el sufrimiento de los pueblos sometidos a regímenes comunistas. Por eso, los rebeldes buscaban a Eduardo Palmer, pero se confundieron, y creyeron que mi padre, José Palmer, encargado de la oficina de Santo Domingo, era el hombre que buscaban. Por eso, yo fingía ser periodista extranjero cuando cruzaba la línea divisoria entre los dos bandos y entraba en la zona rebelde.

Después de pasados los primeros días de confusión y con las tensiones algo tranquilizadas, me puse de acuerdo con mi gran amigo Brinio Díaz, presidente de Publicidad Fénix, cuyas oficinas estaban ubicadas en la calle El Conde, calle principal de Ciudad Nueva. Él no tenía problemas pues pertenecía al PRD, el partido de Juan Bosch y de José Peña Gómez, de quien era buen amigo.

Previo aviso a Brinio, entraba a las 12:00m y me juntaba con él, conversamos sobre lo que había sucedido en ambos lados en las 24 horas previas. Un día me llevó y entrevisté al coronel Francisco Caamaño, quien estaba acompañado por Héctor Aristy, su asesor político.

Ambas partes en pugna llevaron a cabo actos públicos con asistencia de miles de simpatizantes. Los constitucionalistas celebraron uno en el Parque Independencia. Los oradores principales fueron el coronel Francisco Caamaño Deñó, líder del movimiento; el Dr. José Francisco Peña Gómez, líder del PRD y otras figuras de ese sector.

Por su parte, el general Antonio Imbert Barrera celebró un acto en el sector del Centro de los Héroes, al que también asistieron miles de personas. El Dr. Luis Conte Agüero, destacado periodista y político cubano, fue uno de los oradores.

La Organización de Estados Americanos, con su Secretario General, José Antonio Mora, continuó las gestiones por lograr la paz entre los sectores envueltos en el conflicto dominicano.

Un día conversé con el Sr. Mora y le propuse producir un documental que recogiera todas las gestiones que la OEA realizaba en ese conflicto, para dar a conocer al mundo el gran esfuerzo realizado por dicha organización. Le gustó la idea, aprobó la misma y firmamos un contrato para su producción. El ingreso económico que produjo el documental nos ayudó mucho para llevar a cabo nuestros planes en Santo Domingo.

Nosotros ya habíamos filmado lo más importante que había sucedido desde el 24 de abril y teníamos imágenes de todo ese proceso, que terminó cuando se logró la paz entre los Constitucionalistas del coronel Caamaño y el Gobierno de Reconstrucción Nacional del general Imbert.

Por fin, el 3 de septiembre de 1965 se logra el acuerdo de paz, y mediante un Acta Institucional ambas partes aceptan un gobierno provisional presidido por el Dr. Héctor García Godoy, que como primera medida, convocó a elecciones nacionales a celebrarse en 1966.

Poco a poco el país volvió a la normalidad. Para las elecciones surgieron tres candidatos: el profesor Juan Bosch, que regresó de Puerto Rico donde estuvo asilado, fue el candidato por el Partido Revolucionario Dominicano (PRD); Rafael Bonnelly, candidato por la Unión Cívica Nacional; y el Dr. Joaquín Balaguer por el Partido Reformista.

Todos los participantes realizaron grandes campañas y publicidad. El pueblo reaccionó con entusiasmo a esta convocatoria para elecciones libres. Después de la dictadura de Trujillo, del golpe de estado a Juan Bosch en 1963, del gobierno de facto que siguió y la revolución de abril 1965, el pueblo quería estabilidad y paz.

La Junta Central Electoral llevó a cabo una gran campaña invitando al pueblo a salir a votar por el candidato de su preferencia. Aunque hubo algunos problemas e incidentes en varios lugares del país durante los mítines políticos, eso no detuvo el entusiasmo general. El pueblo respondió y acudió a las urnas en junio de 1966.

El conteo de votos fue lento y duró varios días, por fin se dio a conocer el resultado oficial de las elecciones, siendo ganador el Dr. Joaquín Balaguer. El profesor Juan Bosch logró el segundo lugar, a pocos puntos por debajo de Balaguer. Rafael Bonnelly quedó en tercer lugar, con menos de un 3% de la votación general.

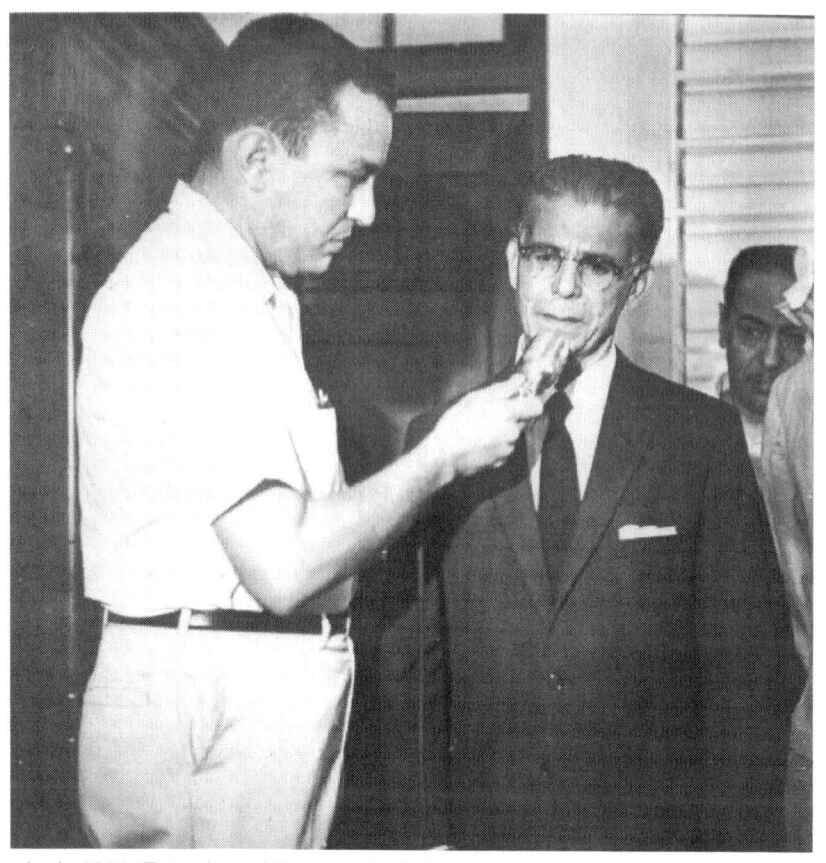

Junio 1966. Entrevista al Dr. Joaquín Balaguer el día que se dio a conocer su triunfo en las elecciones presidenciales.

Es justo reconocer que el presidente provisional, Dr. Héctor García Godoy, realizó una gran labor durante su corto mandato. Fue honesto, imparcial y justo en sus medidas y decisiones.

El 1ro de julio de 1966 tomó posesión como presidente de la República Dominicana el Dr. Joaquín Balaguer. A partir de ese año comenzó una etapa de estabilidad política y progreso económico en el país.

Mi empresa, *Productora Fílmica Dominicana*, logró establecerse como la principal productora de comerciales fílmicos para televisión y cine. Además, seguía con el Noticiario Nacional para Rahintel Canal 7 y para los cines del país.

Así continuamos hasta principios de 1982 en que surgieron competidores en la producción de comerciales usando el video tape, un nuevo método más económico para el proceso técnico. Entonces decidí vender a Rahintel el noticiario de TV con los equipos y el título. Me pagaron con acciones de la empresa y un año más tarde el banquero Leonel Almonte compró todas las acciones de Rahintel.

El noticiario de cine, con sus equipos y laboratorio para procesar película, se le vendió a Rosendo Sepúlveda, quien continuó con el Noticiario Nacional de cine. *Productora Fílmica Dominicana* cerró sus puertas en marzo de 1982.

Entonces fundé *Video Films C x A*, una empresa con modernos equipos de videotape para la producción de comerciales para televisión, documentales y programas. Desde los años 80 hasta 1996 realizamos muchos programas especiales sobre temas de actualidad.

Durante 31 años viví en Santo Domingo, República Dominicana, un país maravilloso del que tengo lindos recuerdos e innumerables grandes y buenos amigos.

CAPÍTULO 3
EL SALVADOR

Al principio de los años 80, una cadena de televisión de Estados Unidos hizo un programa especial sobre un hecho político ocurrido en América Latina. Ellos lo llamaron "White Paper", que es el título que le dan a un especial de cualquier tema. Cuando vi el programa no me agradó como enfocaron el problema. Pensé que los norteamericanos veían los asuntos de América Latina con una óptica diferente a la nuestra.

Días después conversé con el ingeniero Pedro Pablo Bonilla, presidente y principal accionista de Rahintel Canal 7, emisora en Santo Domingo, República Dominicana, donde se exhibía el Noticiario Nacional que yo producía. Le expresé mi opinión respecto al especial de referencia y le expuse la idea de que las emisoras de América Latina debían acometer el proyecto de producir programas de televisión sobre los asuntos locales. A él le pareció interesante la idea y juntos decidimos que un tema de actualidad era la guerra civil que se estaba librando en El Salvador, cuya violencia llenaba los titulares de los periódicos.

Recordé que el director de Venevisión, la emisora de televisión de Caracas, Venezuela, era Enrique Cuzcó, cubano exiliado, que había salido de La Habana hacia Caracas a principios de los años 60. El dueño de Venevisión, Don Diego Cisneros, era un cubano arraigado en Venezuela, que en aquel entonces era concesionario de la Pepsi Cola, y llegó a ser un hombre influyente y multimillonario.

En Cuba, antes de Castro, Cuzcó había sido el director de la firma publicitaria *Mercados, Survey y Publicidad*, que a su vez era cliente de *Cuban Colorfilm Corp*. Nosotros hacíamos anuncios de televisión para varios de los clientes de dicha agencia publicitaria y de esa forma, Enrique Cuzcó y yo establecimos muy buena amistad.

Pensé que a Cuzcó le podía interesar unirse al proyecto de producir especiales de televisión sobre los temas importantes de América Latina. Previa cita con él, volé a Caracas y lo visité en Venevisión. Después de darnos un fuerte abrazo y recordar buenos tiempos en Cuba, le informé el motivo de mi visita. De entrada le encantó la idea, enseguida llamó al Dr. José Rafael Revenga, vicepresidente del canal, le explicó nuestra idea y decidieron cooperar con nosotros en ese proyecto, utilizando las facilidades de Venevisión.

El Dr. Revenga me presentó a Leopoldo Castillo, quien era entonces el director del noticiario de la emisora y también a César Lepervanche, otro ejecutivo de la empresa. Entre todos, acordamos empezar con la crisis política de El Salvador, como primer programa especial.

Regresé a Santo Domingo y comencé los preparativos para viajar a El Salvador, con el propósito de realizar un proceso exploratorio y organizar un programa de trabajo. Además, hacer citas con personalidades a entrevistar y determinar qué equipos y personal debía llevar a San Salvador para producir el especial.

Productora Fílmica Dominicana, mi empresa en Santo Domingo, tenía equipos y personal técnico suficiente, ya que producíamos un noticiario de televisión con tres ediciones diarias de media hora cada una, un noticiario semanal en película 35 mm blanco y negro para los cines, más comerciales de televisión y cine para las agencias de publicidad de Santo Domingo.

Poco días antes de mi viaje a San Salvador, leí en la prensa que un escuadrón de la muerte había asesinado a varias monjas en dicha ciudad. Se presumía que eran militares salvadoreños los integrantes de dicho escuadrón.

Gestioné la visa en el consulado salvadoreño en Santo Domingo, la cual me fue concedida, e hice los arreglos para el viaje. No había vuelos directos entre los dos países; tuve que ir a Miami primero y desde allí volar a San Salvador. Confieso que iba preocupado por mi seguridad, ya que la prensa internacional reportaba que la guerra civil en El Salvador era muy violenta; diariamente había múltiples atentados terroristas, enfrentamientos entre los militares y la guerrilla que producía gran cantidad de muertos.

Mi vuelo llegó a San Salvador de noche, era el último vuelo. No pude conseguir un taxi que me llevara a mí solamente, tuve que compartir uno con varios pasajeros. El viaje del aeropuerto a la ciudad era largo, la carretera estaba oscura, sin iluminación. Sentí miedo, pensando qué pasaría si guerrilleros o militares nos asaltaban en el camino. Por fin llegamos a la ciudad y le indiqué al chofer que me dejara en el Hotel Sheraton, donde había hecho las reservaciones, porque me informaron que ese era el hotel donde se hospedaban los periodistas internacionales.

Al día siguiente, durante el desayuno, tuve la oportunidad de conversar con algunos periodistas. Mi idea era encontrar en San Salvador técnicos, con sus equipos, que pudiera contratar para filmar algunas entrevistas y escenas de ambiente, con el propósito de producir el especial proyectado. Resultaba muy costoso transportar de Santo Domingo o Caracas personal técnico y equipos, eso representaba pagar los boletos aéreos y estancia en el hotel de dicho personal.

Con técnicos salvadoreños averigüé que todos estaban contratados por cadenas de televisión extranjeras y que era imposible encontrar técnicos disponibles que trabajaran conmigo.

Pregunté y obtuve la ubicación de la emisora estatal de televisión y me dirigí allí. Quería averiguar si ellos estarían dispuestos a cooperar con nosotros en el proyecto y procurar su apoyo logístico y acceso a su archivo fílmico sobre la guerra civil. Logré hablar con el director y le pareció interesante la idea. Le propuse que se le daría a la emisora el crédito correspondiente por su aporte y que el especial que se produjera sería exhibido en varios países de América Latina. Me dijo que tenía que consultar la oferta con sus superiores y que me contestaría tan pronto tuviera una respuesta.

De regreso al hotel, pasé frente a un centro comercial con muchas tiendas y restaurantes, llamado Metrocentro. Estaba lleno de personas comprando y conversando. No parecía que el país estaba en guerra. Todo se desenvolvía normalmente. Compré dos o tres ejemplares de periódicos locales para enterarme de las noticias del día y así ambientarme de la situación.

Como antecedente, procede aquí mencionar algunos datos geográficos, históricos y políticos. El Salvador es el país más pequeño de América; tiene una superficie de 21,040 kilómetros cuadrados, con una población, en ese entonces, de cinco millones de habitantes, de los cuales un millón y medio residían en

San Salvador, la capital del país. La población está compuesta de indios y blancos. Colinda con Guatemala al oeste y con Honduras al este. No tiene costa hacia el Océano Atlántico.

Los salvadoreños son muy trabajadores. La economía, a principio de los años ochenta, se basaba en la agricultura, cosechaban café, caña de azúcar, maíz y algodón. Las principales ciudades del país son San Salvador, Santa Ana y San Miguel.

Desde 1931 a 1979, casi 50 años, El Salvador estuvo gobernado por dictaduras militares que respondían a una oligarquía económica formada por unas catorce familias, más tarde bajo el control de 200 familias. En 1972 hubo elecciones que, debido a un fraude, ganó el candidato del gobierno. Los candidatos demócratas, el ingeniero José Napoleón Duarte, para presidente y Guillermo Manuel Ungo, como vicepresidente, fueron arrestados, golpeados, y deportados. El Salvador quedó bajo el control de la oligarquía.

En julio de 1979 toda la región centroamericana fue conmovida por un evento de gran significación política. Los sandinistas de Nicaragua, con el apoyo de su pueblo, derrotan al dictador Anastasio Somoza. Con la victoria sandinista se esparce por toda Centroamérica un sentimiento de reformas y justicia social. Al mismo tiempo, la influencia marxista de Fidel Castro aumenta en toda la región. La pregunta política fue, ¿Quién controlaría las fuerzas de reforma, los marxistas o los revolucionarios no marxistas?

En el Salvador, el quince de octubre de 1979, un grupo de oficiales jóvenes dio, con éxito, un golpe de estado que sacó del poder al presidente Romero, instrumento de la oligarquía.

Los oficiales jóvenes retiraron a 65 militares de alto rango y declararon que habían comenzado un proceso que pondría fin a las injusticias sociales y al control de la oligarquía.

A finales de 1979, después de ocho años de exilio, regresó al país el ingeniero José Napoleón Duarte, líder demócrata cristiano de El Salvador. El Ing. Duarte recorrió las calles de San Salvador hasta llegar a un lugar céntrico desde donde habló a su pueblo.

Fue nombrada una junta cívico militar. Los coroneles Jaime Abdul Gutiérrez y Adolfo Majano representaron a las fuerzas armadas. La principal figura civil de la primera junta lo fue Guillermo Manuel Ungo, líder del Movimiento Nacional Revolucionario. Completaron la junta Román Mayorga Quiroz y Mario Antonio Andino. La primera junta, asediada por una ola de violencia y por los ataques de la derecha y de la izquierda, se desintegró a principios de 1980.

Los tres miembros civiles de la junta renunciaron, alegando que el gobierno se había inclinado a la derecha. Dos demócratas cristianos y uno independiente fueron nombrados para cubrir las vacantes.

Al producirse una vacante en la junta, por la renuncia de Héctor Dada Arizi, el Partido Demócrata Cristiano eligió a Duarte para sustituirlo el 3 de marzo de 1980. Pocos días después es nombrado presidente de la Junta Revolucionaria de Gobierno.

En 1980 sucedieron muchas cosas en El Salvador, como:

- El comienzo de las reformas socioeconómicas
- El asesinato de Monseñor Romero
- Las acusaciones de que Cuba y Nicaragua estaban armando a la guerrilla
- El asesinato de las monjas norteamericanas
- El Tratado de Paz con Honduras

- La adopción de medidas hacia El Salvador por parte de países europeos y organizaciones internacionales en virtud de la violencia imperante en el país
- La ofensiva final de los guerrilleros

Una de las reformas más controversiales de la Junta Revolucionaria fue la Reforma Agraria, que fue criticada por la izquierda y la derecha.

La segunda medida revolucionaria del gobierno fue nacionalizar el 51% de la propiedad de los bancos comerciales e instituciones financieras. El gobierno también se hizo cargo de todo el comercio de exportación.

Tan pronto se conoció de la nacionalización de los bancos y del comercio exterior, los extremistas comenzaron una campaña para sabotear la economía del país. Muchos bancos fueron destrozados por bombas, algunas cosechas quemadas, y almacenes destruidos, causando una caótica situación económica.

La violencia fue el problema que originó más atención y controversias en la guerra civil de El Salvador, donde todos los sectores luchaban entre sí, y además luchaban por obtener apoyo internacional para su causa. Gran atención internacional provocó la ofensiva final lanzada en varios frentes del país por el Frente Farabundo Martí para la Liberación Nacional (FMLN).

En ese momento, El Salvador, con cinco millones de habitantes, contaba con un ejército de veinte mil hombres. Los guerrilleros eran aproximadamente de seis a ocho mil en número.

El ministro de Defensa de El Salvador durante el conflicto era el coronel José Guillermo García, hombre de aspecto tenebroso que me impresionó como una persona violenta y dura.

El gobierno mostró a los periodistas armas ocupadas a la guerrilla, explicando que las mismas procedían de Cuba, y de la Unión Soviética, por vía de Nicaragua.

A los tres días de estar en San Salvador, el director de la emisora estatal me informó que sus superiores no le habían autorizado a participar en el proyecto de la producción del programa especial aportando personal técnico y recursos, pero que sí podía darnos acceso a copiar escenas del archivo fílmico de la emisora. Esto significó que tendríamos nosotros que invertir en los costos de traer personal técnico nuestro desde Santo Domingo, incluyendo pasajes y estancia. Claro está, que el acceso al archivo fílmico histórico del conflicto salvadoreño era esencial para poder realizar el especial de televisión y ya eso era un gran logro.

Regresé a Santo Domingo para coordinar la selección del personal técnico y equipos. Como camarógrafo escogí a Mario Arredondo, con años en nuestra organización. Él seleccionó a su asistente para operar las luces. Días después viajamos a San Salvador y comenzamos a realizar entrevistas, filmar escenas de ambiente, cubrir eventos y sucesos que ocurrían.

Varias veces pudimos entrevistar al ingeniero José Napoleón Duarte en sus oficinas de la presidencia, quien nos explicó los beneficios de las medidas que su gobierno estaba aplicando.

Guillermo Manuel Ungo, que había sido miembro de la primera junta, al retirarse de la misma volvió al exilio y se convirtió en el líder civil que representaba a la guerrilla del FMLN en el exterior.

Para lograr entrevistar a Guillermo Manuel Ungo pedimos la ayuda del Dr. José Francisco Peña Gómez, destacado líder político dominicano, vicepresidente de la Internacional

Socialista, quien era amigo de Ungo. Peña Gómez, gentilmente nos dio una carta de introducción para el Sr. Ungo. Él comprendió que era importante conocer los puntos de vista de Guillermo Manuel Ungo e incluirlos en el especial de televisión, que estábamos produciendo para ser exhibido en las principales emisoras de América Latina.

Nosotros pudimos entrevistarlo en su residencia de Panamá y él nos expuso los objetivos políticos de la insurrección, que básicamente era lograr una mejor justicia social para El Salvador. En ese esfuerzo contaban con la ayuda de Cuba y Nicaragua, países gobernados por dictaduras comunistas.

Cuando las guerrillas lanzaron la ofensiva final en enero 10 de 1981, hicieron un llamado al pueblo para que se sumara a una huelga general. Ese llamado a huelga provocó la importante pregunta respecto al apoyo popular con que contaban los opositores del gobierno.

Esa era la segunda huelga convocada por la izquierda, ya que en agosto de 1980 lo hicieron con iguales resultados. En aquel entonces, igual que en 1981, quemaron transportes tratando de evitar que el pueblo asistiera al trabajo. A pesar de eso, las oficinas y empresas funcionaron normalmente haciendo fracasar el paro.

El principal líder de la extrema derecha en El Salvador era el mayor Roberto D'Aubuisson. Se sospecha que él organizó el asesinato de Monseñor Romero, de las monjas y de seis curas jesuitas de la Universidad Centro Americana. D'Aubuisson fundó el Partido Arena y fue candidato a la presidencia en las elecciones de 1984, que perdió frente al ingeniero José Napoleón Duarte.

Nos informaron que en un lugar en el interior del país se había establecido un campamento de refugiados campesinos que huían de las batallas entre los guerrilleros y el ejército. Decidimos que era interesante cubrir esos hechos, que era un aspecto humano consecuencia de la guerra civil. Contratamos un taxi con su chofer que nos llevó al interior del país, llegando a la ribera de un río, que había que cruzar para llegar al campo de refugiados. Dejamos el taxi allí y conseguimos a un señor que tenía un bote y accedió a llevarnos a mí, a los técnicos y al taxista, que también quería ir.

Una vez al otro lado del río, encontramos a unas personas que nos explicaron que faltaban tres o cuatro kilómetros para llegar al campamento de refugiados. Dichas personas tenían caballos y nos alquilaron cuatro para que pudiéramos llegar al campamento. Por fin, después de un recorrido a caballo, llegamos a nuestro destino. Allí entrevistamos a varios campesinos y sus esposas. Nos contaron de los horrores que habían pasado en sus aldeas y pueblos debido a los bombardeos de la aviación militar y de los ataques de la guerrilla. Existía también un gran peligro para los jóvenes que eran secuestrados por la guerrilla; los reclutaban a la fuerza y los obligaban a pelear. Nos contaron del número de muertos que habían tenido en sus familias y la de sus vecinos.

Después de haber filmado y recogido bastantes testimonios con historias conmovedoras, decidimos regresar. De nuevo montamos los caballos para volver al río. Allí nos esperaba el señor que habíamos contratado con su bote y nos transportó al otro lado del río, donde se encontraba el taxi.

Tuvimos la desagradable sorpresa de encontrar, cerca del taxi, el cadáver de un hombre acribillado a balazos. Tal parecía que la guerrilla estaba cerca y que había ocurrido un combate. Enseguida le pedí a Mario, nuestro camarógrafo, que filmara el cuerpo muerto, pero el chofer se puso muy nervioso, se negó a esperar y nos amenazó con marcharse en su taxi y dejarnos allí varados. Le ofrecí más dinero para que nos permitiera filmar allí, pero no aceptó nuestra petición. Se sentó en su taxi y prendió el motor, decidido a irse. No nos quedó otra alternativa que abandonar nuestro propósito de filmar el cadáver, ya que estábamos en el medio del campo, lejos de la ciudad, por lo cual nos montamos en el taxi a regañadientes y emprendimos el viaje de regreso a San Salvador. Le pagamos al taxista sus honorarios, pero más nunca lo volvimos a contratar.

Una noche, cenando tarde los técnicos y yo en el restaurante del hotel, escuchamos un bombazo grande. Nos asustamos, pero no podíamos salir para averiguar lo que había pasado, porque había toque de queda desde las nueve de la noche hasta seis de la mañana. El que saliera durante esas horas corría el riesgo de que lo mataran las fuerzas de seguridad.

Al día siguiente, después del desayuno, salimos y averiguamos que la guerrilla urbana había puesto una bomba en la tienda Sears de Metrocentro. El sereno del edificio apareció muerto. Nunca supe si lo habían asesinado antes o después de la explosión, o si había muerto al explotar la bomba que destrozó parte del frente de la tienda.

Nos enteramos que todas las noches mataban a muchas personas que desafiaban y violaban el toque de queda. Decidimos que resultaba importante para nuestro documental mostrar algunos de los cadáveres como evidencia.

El toque de queda terminaba a las seis de la mañana. Por eso, nosotros acordamos salir temprano, al siguiente día a las 6:15 am, para filmar los cuerpos que encontráramos en las calles. A pesar de recorrer muchas calles y avenidas, no vimos ningún cadáver. Regresamos al hotel, donde averiguamos que las funerarias enviaban camiones, con sus empleados, a recoger los cadáveres que hubiera en las calles. Esa era la táctica que usaban para que los familiares, cuando salieran a buscar a las personas que habían violado el toque de queda, supieran que era posible encontrarlos en cualquiera de las funerarias de San Salvador.

Ya teníamos contratado a un taxista con su auto para que trabajara fijo con nosotros. Fuimos entonces a buscar las funerarias y en efecto, al llegar a la primera, pudimos ver y filmar varios muertos por heridas de bala. Estaban tirados en bancos de cemento en el patio de atrás, gran cantidad de moscas volaban arriba de ellos. Allí permanecían hasta que sus familiares arreglaran su funeral.

En el hotel Sheraton había periodistas, camarógrafos con sus asistentes, de casi todas las importantes emisoras de televisión de Estados Unidos, algunas de Europa y América Latina. Me sorprendió ver mujeres camarógrafas, una de ellas se ponía un chaleco plástico a prueba de balas cuando salía a filmar.

Pude ver periodistas y técnicos de ABC, NBC, CBS, CNN, de Estados Unidos. Visnews y la BBC de Londres. También los había de Holanda, España y Francia. Un camarógrafo holandés murió al encontrarse en el fuego cruzado durante un combate entre guerrilleros y los militares.

Una mañana nos enteramos que la guerrilla del FLMN había ametrallado a un autobús de transporte urbano lleno de pasajeros en el pueblo de Suchitoto. Muchas personas murieron y otras fueron heridas. Acudimos a dicho lugar y entrevistamos a varias personas sobre este suceso.

Una vez teníamos una entrevista concertada con el presidente Duarte en su casa. La cita era a las 7:30 pm, llegamos puntuales a su casa, pero él estaba ocupado con otras personas y tuvimos que esperar. Cuando pasó de las 8:00 pm, nos preocupamos porque a partir de la 9:00 pm comenzaba el toque de queda y ya habíamos comprobado el gran peligro que corrían las personas que lo violaban. Por fin, a los pocos minutos, el Presidente nos recibió y comenzamos la entrevista, la cual terminamos a las 8:45 pm, pues todavía teníamos que regresar al hotel. Le explicamos al Presidente el peligro que corríamos y entonces él dispuso que un auto con varios hombres de su seguridad nos escoltara hasta el hotel. Nuestro chofer, temeroso fue velozmente con su auto por las calles y llegamos al hotel a las 8:55 pm. Por suerte, el chofer vivía muy cerca, y después de dejarnos pudo llegar sano y salvo a su casa.

Algunos salvadoreños se ponían de acuerdo y organizaban, en sus casas, fiestas en los fines de semana. Reunían bebidas y comidas y varios matrimonios fiestaban "de toque a toque" o sea, de nueve de la noche a seis de la mañana. Eso me recordó lo de la guerra civil dominicana, donde al mediodía paraban las hostilidades y ambas partes en conflicto hacían un alto para almorzar, descansar y escuchar a Trespatines en el programa radial "La Tremenda Corte". Cuando terminaba el programa, regresaban a sus puestos y reanudaban las hostilidades.

Como hicimos varios viajes desde Santo Domingo a El Salvador, a veces con distinto personal técnico, era necesario pedir visas en el consulado de ese país. El embajador salvadoreño en Dominicana era el licenciado Jaime López Nuila. Hablamos muchas veces y surgió entre nosotros una buena amistad. En uno de los viajes, el embajador me encomendó una carta personal para entregársela a su hermano, el coronel Reinaldo López Nuila, viceministro de Seguridad de El Salvador. Como es lógico, el embajador nos dio los números de teléfono para localizar a su hermano. Tan pronto llegamos a San Salvador y nos instalamos en el Hotel Sheraton, localizamos al Coronel y le informamos de la carta personal que le enviaba su hermano desde Santo Domingo. El Coronel nos dijo que pasaría al día siguiente, en la mañana, para recogerla personalmente.

A la hora del desayuno se apareció el coronel López Nuila, rodeado por miembros de su seguridad, y preguntó por mí. Eso llamó mucho la atención de los otros periodistas y del personal del hotel. El Coronel fue muy amable y nos invitó a visitar sus oficinas esa tarde, lo cual hicimos.

Durante nuestra visita, el coronel López Nuila nos preguntó si podía ser de interés, para nuestro proyectado especial de televisión, entrevistar a algunos de los comandantes de la guerrilla que los militares habían capturado. Por supuesto, le contestamos afirmativamente que las entrevistas serían exclusivas y de gran interés para la audiencia de nuestro especial, al cual habíamos dado el título provisional *El Salvador: ¿Qué Pasará?* Pensamos que esa guerra civil, con dos bandos en pugna, fuertemente equipados y sin perspectiva aparente de resolverse pacíficamente, era una incógnita. ¿Cuál sería el resultado de ese conflicto? ¿La victoria de los rebeldes ayudados por Cuba y Nicaragua, o la victoria de los militares ayudados por Estados Unidos?

Un día después de la conversación con el coronel López Nuila, acudimos con el personal técnico y equipos a un cuartel del ejército. Fuimos bien recibidos y nos indicaron que podíamos instalar los equipos para la entrevista. El hombre que íbamos a entrevistar vino escoltado por tres militares.

Al comenzar, le preguntamos su nombre completo y cuál era su rango en la guerrilla. Nos dijo que era comandante y por razones de su seguridad no debíamos dar a conocer su nombre en el documental. Después nos contó que él había concebido hacer un ataque a la base aérea militar de Ilopango, con la idea de destruir o sabotear los aviones que allí se guardaban. La aviación militar salvadoreña, con sus ataques y bombardeos le causaba grandes daños a la guerrilla.

Para prepararse, salió de El Salvador hacia Managua, la capital de Nicaragua. Una vez allí, los sandinistas lo enviaron a Cuba. Llegó a La Habana y al día siguiente fue llevado a una base de entrenamiento llamada "Punto cero", cerca de la playa de Guanabo. Cuando expuso su plan de atacar la base aérea militar en San Salvador, los expertos comenzaron a explicarle cómo debía hacerlo y qué armas, equipos y explosivos debía llevar. Una vez aprendida la logística de la operación y con el respaldo de los equipos, armas y explosivos, fue enviado de vuelta a Nicaragua. A través de la frontera con El Salvador y con la ayuda de los sandinistas, logró reentrar a su país.

Días más tarde, vestido de civil, acompañado por otro guerrillero, también vestido de civil, entró a San Salvador y visitó una loma desde donde se veía bien el aeropuerto de Ilopango. Allí coordinaron el plan de acción a llevar a cabo.

Dos días después, acompañado por más guerrilleros bien armados y con los explosivos, entraron de noche en la base, cortaron las alambradas de la cerca y rápidamente colocaron explosivos en los aviones militares. El ataque fue todo un éxito, pudieron destruir 15 aviones y dañar otros más. Lograron huir del ataque sufriendo pocas bajas. Unas semanas después de este sabotaje, durante un combate en el campo, fue herido y capturado.

La forma abierta y clara en que nos habló ese joven, narrando con detalles todo el proceso de la operación, nos dio qué pensar. ¿Qué proceso debe haber sufrido este comandante, después de capturado, que lo hiciera hablar tan ampliamente de todo lo sucedido? Él era un hombre joven, entre 25 y 30 años de edad, de baja estatura, de pelo negro y mirada intensa. Seguramente era un hombre valiente, con ideales que le hicieron entregarse a la lucha armada y jugarse la vida para lograr mejoras para su pueblo. No me dio la impresión de que tuviera ideas marxistas, aunque los sandinistas y los cubanos que le ayudaron a preparar el sabotaje, sí eran comunistas probados.

Después de grabada la entrevista, fuimos a un lugar alto desde donde se veía la base aérea militar de Ilopango. Desde ese lugar fue que el comandante guerrillero había ultimado los detalles de la operación de sabotaje que logró con gran éxito.

Durante los días que estuvimos en El Salvador pudimos entrevistar, por separado, a otros dos guerrilleros que habían sido capturados, "amansados", y que estuvieron dispuestos a ser entrevistados. Ellos revelaron los detalles de su actividad guerrillera, tanto en el campo como en la zona urbana.

Tengo entendido que el gobierno salvadoreño le había ofrecido a los guerrilleros capturados, que si cooperaban revelando todo lo que sabían de sus operaciones y renunciaban a su beligerancia, podían evitar prisión y torturas. A cambio, les daban una nueva identidad y eran enviados a un país amigo del gobierno, como Chile o Venezuela.

Una mañana en que íbamos a cubrir una rueda de prensa en el palacio presidencial, faltando solo tres o cuatro cuadras para llegar a nuestro destino, de pronto, casi frente a nosotros, un grupo de guerrilleros urbanos detuvieron a un ómnibus de transporte público lleno de pasajeros, obligaron a los pasajeros a bajarse y le prendieron fuego al vehículo. Enseguida, comenzamos a filmar la acción para incluirla en la versión final del especial de televisión que estábamos haciendo.

Claro está, que mientras la acción se estaba desarrollando, mis técnicos y yo tuvimos miedo, pues el suceso estaba ocurriendo a unos cien metros de nosotros y no sabíamos si la acción era solo contra el ómnibus o si era parte de una operación más amplia que alcanzara hasta donde nuestro taxi se detuvo.

Para facilitar nuestro trabajo en El Salvador contraté a Elena Miranda, una persona muy activa y conocedora de las personalidades de su país. Ella nos coordinaba las citas de las personas a entrevistar y nos explicaba los antecedentes de las mismas. Su ayuda nos resultó muy valiosa.

Un día, cubriendo un acto político en Juayúa, un pueblo del interior del país, Elena se detuvo frente a un vendedor de mangos, pidió un mango verde y le dijo al vendedor que le echara "alguaishte". Le pregunté a ella el significado de esa palabra y me contestó que era la semilla de la pepitoria molida. Le pregunté qué era eso y me contestó que eran las semillas del "ayote". Le pregunté qué era el ayote y entonces se molestó creyendo que yo me estaba burlando, no podía concebir que yo fuera tan ignorante de no conocer todas esas palabras. Cuando la convencí de que no me burlaba y que en serio desconocía dichas palabras, me explicó como era el ayote y entonces comprendí que era lo que yo conocía como calabaza. Experiencias como esta me enseñaron que algunas cosas tienen nombres diferentes en cada país. Por ejemplo, el ayote salvadoreño, es auyama en República Dominicana, calabaza en Cuba y zapallo en Argentina.

Volviendo a la guerra civil de El Salvador, me di cuenta que mientras los Estados Unidos respaldaran a los militares y por otra parte, Cuba y Nicaragua ayudaran a la guerrilla, el conflicto se alargaría por años.

En realidad, la guerra civil de El Salvador era producto de la guerra fría entre la Unión Soviética y los Estados Unidos. Ambos ayudaban a sus aliados con armas y recursos, pero los muertos los ponía El Salvador. La guerra civil en ese país duró varios años y causó más de 75 mil muertos.

Los Estados Unidos comenzaron a llevarse regimientos enteros de militares salvadoreños para ser entrenados con las últimas tácticas de guerra contra las guerrillas. Los alimentaban, armaban con equipos modernos y eran fuertemente entrenados. Después los devolvían a El Salvador, bien afilados y equipados para la guerra. Esa táctica funcionó y paso a paso los militares comenzaron a ganar terreno en el conflicto.

Nuestro especial de televisión *El Salvador: ¿Que Pasará?*, se estrenó en 1982, primero en República Dominicana y Venezuela, que habían participado en su producción. Después se vendió a otras emisoras de Centro y Sur América. Con este especial dimos a conocer a muchos países de América la realidad del conflicto en El Salvador que tantas vidas costó.

Como la guerra civil continuaba, seguimos viajando a El Salvador para realizar reportajes sobre la situación en el país.

El 2 de mayo de 1982, Duarte entregó el poder al Sr. Álvaro Magaña, quien fue un buen presidente provisional, siendo su principal responsabilidad organizar unas elecciones libres con la participación de varios partidos políticos.

Los principales candidatos presidenciales fueron el ingeniero José Napoleón Duarte por el Partido Demócrata Cristiano y el mayor Roberto D'Aubuisson por el Partido Arena. Los candidatos desarrollaron intensas campañas, celebrando mítines políticos en todo el país y con gran publicidad en los medios de comunicación, como radio, televisión y prensa escrita.

El 25 de marzo de 1984 se llevaron a cabo las elecciones; ninguno de los dos candidatos logró más de 50% de los votos y fue necesario ir a una segunda vuelta el 6 de mayo. El ganador fue el ingeniero Duarte, que tomó posesión como presidente el 1ro de junio de 1984. Era la primera vez, en más de 50 años, que en El Salvador un presidente llegaba al poder por vía de unas elecciones libres y democráticas.

La situación de fuerza militar y las gestiones de paz realizadas por varios presidentes de Centro América, como Óscar Arias de Costa Rica, lograron llevar a cabo lo que parecía imposible, un acuerdo de paz, que al fin se firmó en Esquipulas, Guatemala, el 7 de agosto de 1987 por cinco presidentes de América Central: Vinicio Cerezo, de Guatemala; José Napoleón Duarte, de El Salvador; Daniel Ortega, de Nicaragua; José Azcona Hoyo, de Honduras; y Óscar Arias, de Costa Rica.

El acuerdo de Esquipulas II aprobó una serie de puntos para asegurar la paz en la región y poner fin a las hostilidades. Las principales medidas acordadas fueron:

- Llevar a cabo elecciones libres en los países firmantes
- Suspender la ayuda militar a fuerzas militares irregulares
- Establecer control de las armas en los países firmantes
- Dar ayuda a los refugiados por causa de las guerras que habían tenido lugar en la región

Los acuerdos de Esquipulas II fueron factor decisivo para que en 1987 se le otorgara al presidente Óscar Arias, de Costa Rica, el Premio Nobel de la Paz.

El presidente Vinicio Cerezo de Guatemala fue quien promovió las reuniones para lograr el acuerdo. El presidente Cerezo opinó que el Nobel de la Paz debía haber sido concedido a todos los presidentes firmantes, ya que todos hicieron grandes esfuerzos para que se lograra ese acuerdo, que lleva el nombre de Esquipulas, pueblo de Guatemala donde se firmó.

Duarte gobernó hasta 1989. En las elecciones de ese año, el Partido Arena ganó las elecciones y su candidato, Alfredo Cristiani, tomó posesión el primero de junio de 1989.

Ese mismo año, estando yo en mi oficina de Santo Domingo, recibí una llamada del embajador López Nuila, de El Salvador, pidiendo una cita para ir a verme. Durante su visita me informó que el ingeniero José Napoleón Duarte estaba enfermo terminal, con un avanzado cáncer del hígado. Me dijo que era el deseo del gobierno hacer un documental biográfico de la vida de Duarte y querían que fuera yo quien lo realizara. Me explicó que el gobierno pagaría mis honorarios, cubriría todos los gastos de viaje, estancia y que el personal y equipos de la emisora estatal estarían a mi disposición. Le respondí que para mí era un honor haber sido seleccionado para ese encargo y que no cobraría por mi trabajo.

Pocos días después, partí hacia El Salvador. Me hospedé en el Hotel Sheraton y al día siguiente, acompañado del personal técnico y llevando los equipos necesarios, fuimos a realizar la entrevista. Nos recibieron en un salón techado en la parte trasera de su casa.

Una vez emplazados los equipos, comenzó el ingeniero Duarte a relatar su historia.

Nació el 23 de noviembre de 1925 en Santa Ana. Era hijo ilegítimo. Estudió en el Liceo de San Salvador. Practicó el deporte de baloncesto en sus años escolares. Cuando terminó el bachillerato, fue a Estados Unidos a estudiar en la Universidad de Notre Dame, en Indiana y se graduó como ingeniero civil. A su regreso a El Salvador fue profesor de la asignatura de Cálculo Estructural en la Facultad de Ingeniería de la Universidad Nacional Salvadoreña.

En 1960 fundó el partido Demócrata Cristiano de El Salvador. Fue Alcalde de San Salvador de 1964 a 1970. Cursó estudios de Ciencia Política en varias universidades europeas.

Al ser deportado de El Salvador, después del fraude electoral del que fue víctima, Duarte se vio obligado, en 1972, a exiliarse en Venezuela, donde vivió ocho años. Durante su estancia allí fue elegido vicepresidente de la Unión Mundial Demócrata Cristiana y más tarde presidente de la Organización Demócrata Cristiana de América, con sede en Caracas, Venezuela.

Trabajó como ingeniero en Venezuela hasta su regreso a El Salvador en 1979.

Jugó un papel importante en la política de El Salvador durante tres décadas y fue un bastión de la democracia en América Central.

Como presidente durante cinco años (1984-1989), introdujo muy buenas y positivas medidas para su país. Se puede decir que fue un hombre justo, defensor de la democracia que hizo un buen gobierno.

Finalicé la entrevista, la cual fue editada y terminada en El Salvador. Regresé a Santo Domingo con la satisfacción de haber contribuido a dar a conocer la inmensa labor de este gran hombre que tanto luchó por su Patria.

José Napoleón Duarte murió el 23 de febrero de 1990.

CAPÍTULO 4

NICARAGUA

La Guerra Civil en Nicaragua

El Frente Sandinista de Liberación Nacional (FSLN) fue un movimiento militar fundado en 1962 por intelectuales y voluntarios dirigidos por el joven Carlos Fonseca Amador, que junto a Silvio Mayorga y Tomás Borge Martínez, formaron un grupo revolucionario de ideas socialistas, dispuestos a eliminar la dictadura de la familia Somoza.

El símbolo y precedente directo del movimiento sandinista fue el general Augusto C. Sandino, un héroe nacional, que con ayuda de los campesinos y trabajadores peleó contra las fuerzas armadas de Nicaragua, conocidas entonces como la Guardia Nacional, dirigida por un militar: Anastasio Somoza García, conocido como "Tacho", quien gobernó usando un control absoluto y dominando a los políticos contrarios con métodos de terror y ejecuciones masivas, hasta que en septiembre 1956 lo mataron.

Luis Somoza Debayle, el hijo mayor de Somoza García, ocupó entonces la presidencia hasta que murió inesperadamente en 1967. Después de un presidente provisional, el hermano menor, "Tachito", ganó las elecciones y volvió a imponer la dictadura represiva, torturando y ejecutando a los oponentes políticos y a la población en general.

Al principio, los sandinistas sufrieron fuertes derrotas debido a la desigualdad en combate frente a la Guardia Nacional y el ejército de Somoza; pero a pesar de eso, se mantuvieron en pie y poco a poco los campesinos, estudiantes, y algunos terratenientes se unieron al movimiento, y la ideología antisomocista empezó a crecer, aumentando su poder y propaganda entre los diferentes sectores de la población.

Durante los próximos años, las guerrillas peleando en zonas rurales y urbanas sufrieron altas y bajas. Sin embargo, los sandinistas continuaron su esfuerzo. En 1970, el FSLN empezó un período de acumulación de fuerzas, en silencio, durante el cual redujeron los ataques al mínimo y se concentraron en la organización y preparación militar de sus miembros y la recopilación de recursos de guerra.

Años más tarde, el movimiento inició ofensivas urbanas; organizaron ataques en todo el país y secuestraron diplomáticos y oficiales del gobierno. Somoza declaró un estado de sitio, aumentando la represión contra cualquier sospechoso de pertenecer a la guerrilla. Hubo fuertes combates en las ciudades y áreas rurales, y más personas se sumaron a los sandinistas.

Somoza organizó fuertes ataques contra la guerrilla en algunas ciudades, matando muchos civiles, pero no pudo detener al FSLN que fue apoyado por el pueblo. Una a una, cada ciudad fue liberada del control de la dictadura. Somoza trató de dominar la rebelión nacional, lo cual fue imposible y el 17 de julio de 1979, los sandinistas de Nicaragua lograron derrotar al dictador Anastasio Somoza Debayle.

Somoza, sus colaboradores y líderes de la Guardia Nacional se fueron del país, llevándose una gran fortuna. Francisco

Urcuyo, un partidario del gobierno, asumió la presidencia y le pidió a los sandinistas que pararan los ataques. Su gobierno duró 24 horas, tras las cuales abandonó el país. La Guardia Nacional finalmente se rindió.

El 19 de julio, miles de guerrilleros y civiles entraron en la Plaza de la República, en el centro de Managua, capital de Nicaragua, donde el pueblo celebró la caída definitiva de la dinastía Somoza. Era la oportunidad de crear una nueva Nicaragua. El triunfo sandinista fue bien recibido por todas las personas amantes de la libertad y la democracia.

Para conmemorar el triunfo hubo un acto al que asistieron Maurice Bishop, primer ministro de Granada y Fidel Castro, de Cuba. Desde la tribuna, acompañado por nueve comandantes sandinistas y por Bishop, Fidel anunció que pronto toda América Latina sería socialista como Cuba, Granada y Nicaragua.

En 1980, Somoza fue asesinado en Asunción, Paraguay, por un grupo comando de Argentina llamado "Los Montoneros". Los miembros restantes de la Guardia Nacional organizaron un ejército contrarrevolucionario llamado "Contrarrevolución Nacional", más conocido como "Los Contra".

Lamentablemente, los sandinistas comenzaron a manifestar sus tendencias marxistas, gobernando al estilo del líder comunista cubano Fidel Castro. Muchos nicaragüenses que no estaban de acuerdo con la postura procomunista del nuevo gobierno se sumaron a los Contra. Existía disgusto en la población debido a los errores cometidos por los sandinistas; muchos campesinos también se unieron a la contrarrevolución. La hostilidad comenzó de nuevo, esta vez entre los contra y los sandinistas. Los gastos de la guerra afectaron la frágil economía del país.

Pronto comenzaron a surgir en Nicaragua guerrillas en contra de los sandinistas. Estas guerrillas estaban compuestas por nicaragüenses demócratas; exmilitares de Somoza, y algunos indios miskitos, sumos y ramas, que habitaban la parte norte de Nicaragua. El grupo indio representaba el 4% de la población del país.

En la prensa internacional empezaron a publicar informaciones de las feroces campañas que los sandinistas estaban llevando a cabo para castigar a los miskitos, por no querer seguir la línea comunista. En 1981, en el pueblo de Leimos, más de cincuenta miskitos fueron fusilados como parte de una operación ordenada por el alto comando sandinista desde Managua.

En diciembre de ese mismo año, los militares sandinistas evacuaron a los pobladores de 30 a 40 aldeas miskitas y le prendieron fuego a las viviendas; mataron el ganado y los perros. Quemaron también las iglesias de la religión Moravia, que profesaban sus residentes.

En esa operación mataron a más de 200 indios y relocalizaron al resto en campos de concentración ubicados en el interior del país. Muchos miskitos huyeron hacia Honduras cruzando el río Coco, y se establecieron en la aldea de Mocorón, en la mosquitia hondureña. Tantos miles se guarecieron allí que las Naciones Unidas, a través de su departamento de ayuda a los refugiados (ACNUR), estableció un campamento para proporcionarles alimentos y medicinas. Todos los ataques de los sandinistas a los indios miskitos eran francas violaciones a los derechos humanos.

Stedman Fagoth Muller, joven líder de los miskitos, fue arrestado por los sandinistas a principios de año. Meses más tarde fue liberado y huyó hacia Mocorón, en Honduras.

En el mes de marzo de 1982, estimamos que lo que estaba sucediendo en Nicaragua con los indios miskitos merecía hacer un especial para la televisión con el objetivo de dar a conocer al mundo las atrocidades, el enorme abuso y violaciones de los derechos humanos que el gobierno sandinista cometía contra los indios nicaragüenses.

Formamos un equipo compuesto por: el Sr. Alberto Roldán, cubano, destacado director, formado en el ICAIC; Pericles Mejía, dominicano, como director de fotografía; su asistente, Freddy Aquino; Phil Macy, norteamericano, residente en Santo Domingo, como sonidista, y yo de productor.

Antes de salir de Santo Domingo, realicé sondeos con varias emisoras latinoamericanas y de Europa para explorar el interés que pudieran tener en adquirir el especial de televisión que íbamos a hacer, una vez que estuviera terminado. El resultado de esta gestión exploratoria de ventas, fue alentador. El tema que pensábamos cubrir aparecía diariamente en la prensa mundial y era de gran actualidad. Una emisora de televisión alemana nos aseguró que si el documental estaba bien hecho y le entregábamos una versión en inglés o español, con copia del guión original para traducirlo al alemán, nos pagaría una suma que casi cubría el costo total de la producción.

A fines de marzo salimos nosotros, con los equipos necesarios, hacia Tegucigalpa, Honduras. Una vez allí, entrevistamos al representante de la ACNUR (Alto Comisionado de la Naciones Unidas para los Refugiados), quien nos indicó la forma para poder llegar a Mocorón, en la mosquitia hondureña, donde se encontraba el mayor campamento de indios nicaragüenses refugiados. El delegado de ACNUR, durante la entrevista, nos dijo que la situación de los refugiados miskitos en Honduras era muy preocupante y agregó:

Estamos tratando de hacer lo mejor para establecer condiciones de vivienda, de salud, y de otros aspectos de servicio que sean convenientes para la vida cotidiana de esta gente.

Son más de 6,000 refugiados, realmente 6,700. Estamos buscando activamente otros lugares donde se puedan ubicar en condiciones mejoradas. Con el apoyo de varias agencias hondureñas e internacionales; con el trabajo también de unos grupos médicos franceses, hondureños, y otros extranjeros, esperamos que en los próximos meses vamos a estar en condición de establecer varios campamentos con mejores condiciones de vivienda.

Ahora estamos en esa fase, digamos de emergencia, para que esta gente refugiada goce de todo el apoyo que merece, de parte de ACNUR, y del gobierno de Honduras. La tarea en el caso de los refugiados miskitos es grande y difícil. El trabajo hecho es significante. Vamos a pedir una cooperación más estrecha, más efectiva, al nivel de las organizaciones que nos ayudan, y esperamos que dentro de pocos meses los refugiados miskitos estarán establecidos en varios campamentos con condiciones de vida normal.

Para llegar a nuestro destino, siguiendo las instrucciones del delegado de ACNUR, alquilamos un avión que nos llevara, con nuestros equipos, hasta Puerto Lempira. En el especial de televisión que hicimos sobre este caso, presentamos lo que nuestra cámara captó y lo que nos relataron los propios protagonistas.

Nuestra primera escala fue en Puerto Lempira, Provincia de Gracias a Dios, en Honduras. En ese entonces, esa zona era inaccesible por carretera; los pocos vehículos que había fueron traídos por mar. Con mucha suerte conseguimos la única camioneta disponible en el pueblo. Lentamente, nos adentramos en la mosquitia, camino a Mocorón. Nos informaron que allí estaba localizada la mayor aldea de refugiados miskitos que huyeron de Nicaragua.

Después de largas horas, llegamos a la aldea. A los moradores les llamó la atención nuestra visita. Por nuestra parte, nos sentimos emocionados porque al fin estábamos con los miskitos y podíamos conocer su realidad. Localizamos a Stedman Fagoth Muller, joven líder miskito, que fungía como vocero de la comunidad de refugiados. Era él la persona indicada para obtener toda la información que queríamos. Accedió a ser entrevistado y nos informó:

Es importante el relato de la historia de la costa atlántica. Historia de las minorías étnicas de los miskitos, sumos y ramas. Importante, porque está llena de riquezas culturales, de tradiciones, de costumbre, de leyendas, de cuentos, mitología y persecuciones. Y por otra parte, se torna aun más importante cuando vemos que nuestras minorías están llenas de situaciones trágicas, de aislamiento, de genocidio, y persecuciones; que precisamente nos han llevado a estar en este campamento en Mocorón.

Los miskitos, sumos y ramas que pueblan la costa atlántica de Nicaragua, conforman aproximadamente cerca de 191 mil personas. Nuestro origen data de los primeros tiempos en que poblaron América.

Desde antes de la llegada de los españoles, estamos asentados donde habita nuestra gente. Lógico es de suponer que vinimos del norte, por la similitud de nuestras tradiciones, costumbres y forma de vida, similar con otros pueblos aborígenes autóctonos de los países del norte.

Hablamos de Guatemala, de México. Si nos remontamos un poco en la época precolombina, dominábamos toda la zona de la costa atlántica y la parte central de nuestro país.

Es muy importante, para entender la problemática, pasar por las distintas etapas que vivieron nuestra gente. Cuando llegaron los españoles, encontraron el asentamiento humano; los miskitos, los sumos y los ramas. Entonces los españoles, después de 100 años de tratar de entrar a la costa atlántica, donde estaban ubicados nuestros indígenas, no pudieron. Sin embargo, los ingleses, en 1621, empezaron a tratar de comerciar, a tratar de mantener una relación pacífica.

Los españoles, es muy importante notar, entraron con la espada en la mano y la biblia en el otro lado. Los ingleses lo que hicieron fue mantener el comercio, mantener una relación pacífica. Les traían baratijas, y nuestros indios les entregaban oro, piedras preciosas, etcétera.

En Mocorón no había facilidades donde alojarnos. Teníamos que dormir acostados en la tierra de la selva. Previendo esa situación, habíamos llevado sacos de dormir y una vez dentro, se cerraba alrededor con un cierre de cremallera (zipper) y más o menos quedábamos protegidos, excepto la cabeza.

Presumimos que en la selva de la Mosquitia había serpientes, animales, y sobre todo, mosquitos. Teníamos suficientes latas de repelente contra los mosquitos y pastillas para purificar el agua que recogíamos en cualquier arroyo.

Con Stedman Fagoth Muller, vocero del los indios miskitos de Nicaragua, 1982

El único alimento que teníamos era comida enlatada, que compré justo antes de emprender el viaje, en una tienda que vendía efectos y provisiones para acampar. En ese lugar me pude abastecer de algunas cosas que necesitábamos, incluyendo las cantimploras, que eran indispensables para recoger y beber agua.

Recuerdo que a los dos o tres días de estar instalados en la selva, cerca del campamento de refugiados miskitos, me desperté como a las cinco y media de la mañana, ya comenzaba a aclarar, me levanté, salí del saco de dormir y fui a un acampado, para hacer mis necesidades. Estando en cuclillas, de pronto suena un disparo de fusil. Enseguida pensé "llegaron los soldados sandinistas y están atacando el campamento de los indios". Rápidamente, corté lo que estaba haciendo y salí corriendo a reunirme con mi gente, ellos también estaban asustados. Después averiguamos que el disparo se le había escapado, por error, a un centinela de los indios miskitos. Ya más tranquilos, comimos algo y continuamos nuestro trabajo.

De todas partes llegaban noticias sobre nuevos refugiados. Conseguimos entrevistar a un indio miskito que había escapado del campo de concentración "Risco de Oro", que los sandinistas habían instalado. Hablaba en su lengua indígena y muy poco español; era difícil entenderlo, pero pudimos captar lo siguiente:

> Yo me llamo Porcy (señalando en el mapa, continuó): este campamento se llama Risco de Oro. Está cercado con alambres y tiene un gran caño. Las mujeres vienen a bañarse aquí. Yo estoy cuidando, vigilando a los sandinistas que les quitan los niños a las mujeres, matan a los ancianos. Nosotros no tenemos armas. Los miskitos no tienen nada, brazos cruzados, pero tenemos un arma, el Señor Cristo que está arriba.

Equipo que fue a Honduras y Nicaragua para realizar el documental sobre los indios miskitos. Phil Macy (sonidista), Alberto Roldán (director), Pericles Mejía (camarógrafo), Eduardo Palmer (productor) y Freddy Aquino (asistente).

Stedman Fagoth explicó la situación de los indios:

Hay algunas comunidades que se resisten, es allí donde ocupan las balas; es así que nosotros tenemos mucha historia que contar en torno de desaparecidos, en torno de número de muertos, en torno de números de desesperados. En fin, toda esta tragedia es el producto de toda esa situación planteada por el Frente Sandinista, tratar de absorber, tratar de chupar, tratar de integrarlo a su manera, a su alineamiento partidista marxista-leninista.

Otro escapado de un campo de concentración sandinista nos contó su odisea:

El 23 de diciembre, los mineros de la mina de Santa Rosa reciben su pago; salen de viaje para sus casas y son detenidos en el camino de Lemus. Esa misma noche, a las siete de la noche, seis personas son sacadas y son acribilladas a balazos por los militares sandinistas.

Luego regresan por cuatro más, para que vayan a sepultar a sus compañeros. Otros setenta hombres también son sacados de las cárceles para también ser asesinados. Entre ellos estaba el compañero, quien perdió su brazo en ese asesinato.

Varios refugiados van contando sus experiencias a mano de los sandinistas:

El Sr. Aniseto Smith es capturado en Azam y luego es trasladado a la playa misma de Azam. Ahí, ante la vista de la misma esposa, que está presente hablando por él, fue asesinado, allí mutilado. Comienzan las mutilaciones con la cortadera del brazo, luego el de la pierna; luego es sacado el órgano masculino del hombre; luego fue sacado el corazón del pecho del hombre a punta de machetazos y de cuchillos. Es allí en donde el Sr. Aniseto Smith, miembro de nuestra organización, pierde la vida.

Justo Martínez cuenta como perdió a su hijo:

Mi problema es mi hijo; estaba trabajando en Santa Rosa, con las minas; para pagarle, lo llamaron a Guaspán, y cuando le pagaron, venía para arriba y lo detuvieron en Lemus. Allí lo mataron los sandinistas. Tenía la edad de 18 años. Justo Martínez, mi hijo.

Marcos Escobar nos explicó sobre la destrucción del pueblo de Azam por los sandinistas:

El 27 de diciembre llegaron las tropas sandinistas con 200 milicianos a Azam, y ahí el 12 de enero llevaron seis hombres amarrados hacia Puerto Cabeza, y ahí toda la gente se metió en su iglesia, y ya cuando eran las tres de la madrugada, oyeron los disparos que les decía que venían los "Contra", pero era mentira; le mataron los animales y les quemó todo el pueblo.

Son desgarradoras las historias que nos contaron:

El 27 de diciembre, en la comunidad de Azam, Río Coco, la compañera Brenda Benjamín es asesinada por los soldados sandinistas de esta forma: La compañera estaba en los momentos de dolor de parto, cuando los soldados sandinistas llegan a la comunidad y hacen movilizaciones forzosas. El comandante sandinista permite que la mujer llegue a dar luz, y el niño es envuelto en trapos y es tirado a los matorrales; luego a la madre le dice: Tú, camina. La mujer no puede caminar por los mismos dolores de parto; la mujer cae, y es acribillada a balazos por los soldados sandinistas.

Fagoth Muller, como vocero de los indios refugiados, continúa con su explicación sobre la situación de los miskitos, sumos y ramas:

Los sandinistas asesinaron a varios dirigentes nuestros, y nosotros, los dirigentes de la organización, nos presentamos a la Junta de Gobierno Sandinista y firmamos un acuerdo que consistía en que nos iban a entregar los restos de los cadáveres de los dirigentes que habían sido acribillados a balazos. Hablamos de los dirigentes Léster Atas y Roger Suárez; hablamos de un sinnúmero de dirigentes que cayeron en manos de los sandinistas. Pero ese acuerdo, firmado entre los dirigentes de nuestra organización y la junta sandinista, jamás fue cumplido. Nosotros sabemos dónde está enterrado, por ejemplo, Léster Atas, enterrado cerca de la base militar Luis Delgadillo, Puerto Cabeza. En múltiples ocasiones les hemos pedido los cadáveres y los restos, que jamás nos han entregado.

Nos informaron de varios casos más de abuso y maltrato cometido por los sandinistas:

A Clara Castillo le mataron a su esposo, en Lemus; deja siete hijos.

Elsa Feldman, su esposo, un minero, fue fusilado en Lemus; deja cinco hijos.

Neomia Antonio, su esposo, Esteban, fue muerto por ser del comité evangélico; quedan seis hijos.

Neomia de Maybith muestra el retrato de su hijo Rafael, fusilado.

Filomena Perera, su esposo, minero jubilado y dos hijos, fueron fusilados en Lemus; quedan cinco más.

En la aldea de Mocorón, encontramos más de cien niños huérfanos de padres asesinados por los sandinistas. La comunidad miskito cuida de ellos.

Fagoth Muller nos reportó que en ese momento existe una situación peligrosa:

Son 1,800 indios miskitos nicaragüenses que están entrampados frente a la comunidad indígena de Living Creek. Están entrampados, puesto que atrás tienen el Río Coco; abajo tienen un comando sandinista, compuesto aproximadamente por 150 hombres. Arriba, otro comando con igual número de militares del ejército sandinista. Enfrente tienen un gran pantano que va desde Tao Gomán hasta Living Creek.

Entonces, ellos no pueden seguir su curso hacia el campo de refugio de Mocorón y nosotros vemos, como única alternativa, que acudan rápido, de inmediato, helicópteros para poder sacarlos del lugar donde se encuentran entrampados.

El problema que se suscita en la costa atlántica, no es más que la lucha de todo un pueblo por la manutención de su identidad, de sus costumbres, de sus leyendas, de su forma de vida contra el marxismo-leninismo, que el Frente Sandinista quiere llevar a la costa atlántica de Nicaragua.

El gobierno de Honduras, grupos religiosos, organizaciones internacionales de ayuda, y grupos profesionales, envían ayuda para los refugiados.

Otro vuelo llega a Puerto Lempira. Esta vez son médicos, odontólogos, que vienen a prestar su ayuda. El grupo está integrado por nueve enfermeros, cinco dentistas, y tres médicos. A pesar de que se brinda una asistencia médica básica, esta no es suficiente para los miles de niños y adultos del campo de refugiados.

Un grupo de refugiados miskitos, con muy pocos recursos, pero con gran devoción, construyen voluntariamente la iglesia de Mocorón. Esa imagen nos acompaña hasta el fin de nuestro viaje.

Al día siguiente nos encaminamos a la frontera, al pueblo de Aguasvilas. Como en las grandes ciudades, aquí también nos encontramos con algunas dificultades, debido a la congestión de tráfico. Camino a la frontera llegamos a Lasatiñi, una pequeña aldea miskito, que es el primer punto de llegada para los refugiados que huyen de Nicaragua. Desde aquí esperan su turno para ser trasladados a Mocorón. (Lasatiñi, en indio, quiere decir, caño del diablo). Sobrevivir es aquí el único objetivo, la única verdad.

Finalmente, llegamos a Aguasvilas, en las márgenes del Río Coco, que sirve como frontera entre Honduras y Nicaragua. Nos dirigimos al otro lado de la frontera con el fin de filmar la aldea de Santa Rosa del Río Coco, un poblado miskito en Nicaragua.

Según nos informó Stedman Fagoth Muller, los sandinistas destruyeron los pueblos de las comunidades que se oponían a convertirse en marxistas. Hasta el momento en que llegamos a Honduras, habían quemado 51 comunidades; sus iglesias, escuelas y casas arrasadas. Mataron el ganado y los perros.

Son miles los refugiados miskitos nicaragüenses ubicados en varias aldeas de Honduras y diariamente llegan reportes de muchos otros que huyen de la persecución. Los miskitos mantienen la esperanza de volver a su patria libremente, algún día, cuando no se les persiga, cuando se respeten sus derechos humanos y puedan vivir en paz.

Como periodistas, sentimos la necesidad de verificar la verdad de las historias que nos habían contado sobre las aldeas arrasadas, iglesias quemadas y animales matados. Pedimos a Fagoth Muller que nos ayudara en esa gestión y él nos proporcionó dos guías miskitos para que nos condujeran hacia una aldea destruida, dentro de Nicaragua, que estuviera relativamente cerca de la frontera con Honduras, para reducir el riesgo que corríamos al penetrar clandestinamente en territorio controlado por los sandinistas.

Para entrar en Nicaragua por esa zona había que cruzar el Río Coco, en canoas, ya que por esa área no había puente que conectara los dos países. Nos advirtieron que dos días antes, aviones de la fuerza sandinista habían disparado sobre una canoa con indios que estaban cruzando el río. No obstante el peligro, insistimos y pudimos contratar dos canoas con sus remeros para que nos llevaran al lado nicaragüense.

Algunos de los miembros de nuestro equipo técnico pusieron reparo a cruzar el río. Nuestro sonidista se negó firmemente y dijo que él nos esperaba del lado hondureño hasta que volviéramos. Otros, con algunas reservas aceptaron a acompañarnos en el viaje para adentrarnos en la zona norte de Nicaragua.

Por fin pudimos cruzar el río sin novedad alguna, y comenzamos el recorrido con los guías para llegar a las aldeas destruidas por los sandinistas. Durante el trayecto, nos encontramos con varios grupos de indios que se dirigían hacia Mocorón, huyendo, para refugiarse de los sandinistas.

Después de caminar por algún tiempo y varios kilómetros, llegamos a una aldea india y, en efecto, pudimos ver y filmar las casas destruidas, la iglesia quemada, los esqueletos de los animales que habían matado. Aquello era dantesco, tal como nos contaron, y verificamos que las terribles historias que habíamos escuchado eran verdad.

Después de filmar todas esas escenas para el documental, emprendimos el viaje de regreso a Mocorón, en Honduras. Volvimos a recorrer los mismos senderos, entre los árboles, que habíamos caminado para llegar a la aldea destruida. No había carreteras ni caminos vecinales. Teníamos que movernos con los equipos a través de senderos en la selva.

Horas más tarde, sin parar a descansar y comer, regresamos a la ribera del Río Coco. Nuestro apuro era evitar que una patrulla sandinista nos descubriera. Gracias a Dios, las dos canoas y sus remeros estaban esperando. Montamos y partimos hacia la costa hondureña sin percance alguno.

Esa noche, ya en Mocorón, como una atención hacia nosotros, los indios montaron y ejecutaron varios números musicales, bailes autóctonos de su raza. Como era de esperar, filmamos esa parte agradable del campo de refugiados y al día siguiente viajamos de regreso a Puerto Lempira.

Antes de partir, agradecimos a Stedman Fagoth Muller toda su ayuda. Le regalé mi saco de dormir, el que había utilizado durante esos días, durmiendo en la selva de la Mosquitia. Le prometí que con todo lo que habíamos filmado, editaría un documental para dar a conocer al mundo la gran tragedia que los indios de la costa atlántica de Nicaragua estaban sufriendo. Stedman nos ofreció una comida de despedida, con el típico plato de "gallo pinto".

Los indios miskitos conservan íntegramente sus tradiciones y folklore. Su entereza para afrontar las vicisitudes y las persecuciones de que han sido objeto, reafirma la fe religiosa de ese pueblo pacífico.

Compartimos varios días y sus noches con los miskitos. Allí pudimos formar nuestro criterio respecto a la grave situación, la represión y violación de la dignidad humana que ejercen los sandinistas contra los indios de esa región.

En el camino de regreso a Puerto Lempira, encontramos una gran poceta de agua y le pedimos al chofer de la camioneta que se detuviera para meternos en ella; llevábamos varios días sin bañarnos. Nos quitamos la ropa, quedando solo en calzoncillos, y contentos nos tiramos al agua. Cuando más tranquilos estábamos disfrutando del baño, pasó un campesino. Vino corriendo para informarnos que el día anterior una serpiente había mordido a un bañista en esa poza de agua, y tuvieron que llevarlo grave, urgentemente, a Puerto Lempira.

Al oír eso, todos salimos como flechas del agua. Fue como una escena de una película. Todavía me pregunto si fue una broma pesada del campesino. Lo que no hay duda es que pasamos un gran susto, que aún recuerdo.

Finalmente, llegamos a Puerto Lempira y allí estaba el avión que habíamos contratado, esperando para llevarnos de regreso a Tegucigalpa. (Cuando nos llevó a Puerto Lempira, habíamos acordado el día y hora en que debía regresar para recogernos).

En el vuelo de regreso, pensé en todo lo ocurrido durante los días que pasamos viviendo entre los indios refugiados. Tenía en mi mente las recientes imágenes de personas humildes y honradas que se veían forzadas a abandonar su país, Nicaragua, donde eran maltratados, para sobrevivir en un campamento de refugiados en Honduras.

Ya en Santo Domingo procedimos a editar el especial de televisión con las escenas que se habían filmado. Lo titulamos *Los perseguidos*, el subtítulo fue *Los Indios miskitos*. Ese especial lo pudimos colocar y vender, no solo en América Latina, sino también en Europa.

Mi ideal es la causa de la democracia y la libertad. Mi propósito es dar a conocer la realidad de los pueblos que viven oprimidos. Donde quiera que existe un opresor, hay gente que sufre y espera el día en que se borre de la faz de nuestro planeta todo vestigio de dictadura, discriminación, racismo, y abusos, a favor de la comprensión, amor y tolerancia entre los humanos.

Años más tarde volví a Nicaragua para cubrir las elecciones de 1990, pero esta vez fui invitado, como observador oficial, por la Comisión Permanente de Derechos Humanos. Doña Violeta Chamorro ganó las elecciones y pude entrevistarla tan pronto se dio a conocer su triunfo. Ella, con la alegría y emoción que sentía en ese momento me dio un beso en la mejilla, ocasión que quedó para el recuerdo en una fotografía.

Carnet de observador en las elecciones de Nicaragua, 1990.

Con la presidenta electa Violeta Chamorro, en Nicaragua.

CAPÍTULO 5
LA INVASIÓN DE GRANADA

El 25 de octubre de 1983, estábamos en las oficinas de nuestra empresa productora de programas de televisión, en Santo Domingo, República Dominicana, cuando recibimos una llamada desde Caracas, Venezuela. Era un buen amigo mío, el productor de un canal de televisión, para decirme que momentos antes habían interrumpido la programación regular para dar una noticia de última hora: *Estados Unidos había invadido la isla de Granada.* Como en ocasiones anteriores, ese productor venezolano me propuso que cubriéramos la noticia, los detalles de la invasión, y después hiciéramos un documental o programa especial de televisión para venderlo a las emisoras de América Latina. Me pareció interesante la propuesta y le contesté que enseguida haría los arreglos necesarios para trasladarnos a Granada.

Inmediatamente reuní a los técnicos que irían conmigo y preparamos los equipos necesarios. Según averiguamos, debido a la invasión, el aeropuerto de Granada estaba cerrado y todos los vuelos a ese destino fueron cancelados. La mejor combinación era volar a Miami y allí cambiar de aerolínea para volar hacia Barbados, una isla cerca de Granada. Esa misma tarde, con todo el equipo, salimos para Miami en un vuelo de Dominicana de Aviación (línea aérea que desapareció años más tarde).

Cuando llegamos a Miami no tuvimos que pasar inmigración ni aduana, ya que estábamos en tránsito; abordamos un vuelo de Eastern Airlines que nos llevó a Barbados. Al llegar al aeropuerto, nos dimos cuenta que muchos periodistas internacionales ya se encontraban allí.

Al recoger nuestras maletas y equipos en el aeropuerto de Bridgetown, notamos que la caja de plástico duro, donde venía la cámara de video, estaba abollada. Tal parece que los empleados de la línea aérea la habían dejado caer desde una altura, lo cual causó el daño. Abrimos la caja y vimos que la cámara, aparentemente, estaba bien. Sin embargo, más tarde, al observar en un monitor las imágenes que habíamos grabado por el día, notamos que las mismas tenían un color verdoso, que no era normal. No pudimos resolver el problema, el cual se mantuvo constante en todo lo que grabamos durante nuestra estancia en Granada.

A partir de ese momento, decidimos que en los siguientes viajes llevaríamos la cámara con nosotros dentro de la cabina del avión, aunque el resto de los equipos, como cables, luces, etc., fueran como equipaje. Esa medida de precaución fue, en el futuro, parte esencial de nuestra rutina y nunca más tuvimos problemas con las cámaras.

La situación política en Granada era difícil, violenta y complicada. Días antes de la invasión, Maurice Bishop, primer ministro del país, fue capturado y asesinado por miembros de su propio partido Nueva Joya, en combinación con el comandante Hudson Austin, jefe de las fuerzas militares.

Para complicar aun más las cosas, había cerca de mil estudiantes norteamericanos en una escuela médica en Saint

George, capital de Granada, la cual había sido rodeada por militares granadinos, que habían cercado las instalaciones de la escuela y no permitían salir a nadie.

Es importante conocer la historia de Granada y algunos datos de esa isla caribeña para comprender por qué se produjo la crítica situación política y militar que condujo a la invasión.

Granada, conocida como la "isla de las especies", es un paraíso turístico, que pertenece a las Islas Barlovento, grupo sur de las Antillas Menores. Sus habitantes son pacíficos y trabajadores. Aparte del turismo, la economía del país depende básicamente de la agricultura, siendo una fuente natural de nuez moscada, clavo, jengibre y canela. La isla forma parte del archipiélago de las Islas Granadinas, que consiste en la isla de Granada y seis islas más pequeñas. Granada se encuentra en la zona sureste del Mar Caribe, al norte de Trinidad y Tobago, al nordeste de Venezuela, y al sur de San Vicente y las granadinas.

La isla llamada propiamente Granada es la más grande del país; tiene un área de 344 kilómetros cuadrados y una población aproximada de 110,000 habitantes. Se divide políticamente en seis zonas o parroquias; la mayor es Saint George, la capital. El idioma oficial es el inglés, hablado por toda la población, aunque algunos todavía hablan un dialecto criollo-francés. El clima es tropical: caluroso y húmedo.

Cristóbal Colón descubrió la isla el 15 de agosto de 1498, pero los españoles no intentaron colonizarla, quedando la isla en poder de los indígenas durante siglo y medio.

En 1650, el gobernador de Martinica fundó una colonia en Saint George y exterminó a los indígenas caribes. Hasta 1762, la isla permaneció bajo dominio francés. En ese mismo año, la isla pasó a depender de la corona británica, que la perdió después de un ataque francés en 1779 y la recuperó definitivamente en 1783, por el tratado de Versalles. Fue una colonia británica hasta el 7 de febrero de 1974.

Granada consiguió la independencia en 1974, y en 1979, tras un período de gran inestabilidad política, el carismático y popular líder de izquierda, Maurice Bishop, jefe del movimiento político Nueva Joya, derrocó al gobierno del primer ministro Eric Gairy, quien había sido elegido democráticamente. El gobierno de Bishop fue acusado de promover la militarización de su país y de alinearse con la Unión Soviética y Cuba.

El gobierno comunista de Cuba había entrenado, equipado con armas y financiado a los seguidores de Maurice Bishop. Cuando estuvieron preparados, los transportó clandestinamente a Granada para ayudarlo a dar el golpe de estado que lo colocó en el poder.

El socialismo de Bishop y su cooperación con la Cuba comunista no fue bien recibido por las naciones conservadoras de la zona, como Barbados y Dominica. Con el respaldo cubano, Bishop poco a poco fue apretando clavijas para llevar su país hacia el comunismo. Empezó censurando la prensa y arrestando a sus opositores políticos. Pronto, varios líderes cívicos fueron obligados a salir hacia el exilio. Bishop enfatizó que su revolución, era "la revolución del pueblo".

En los foros internacionales, Granada emitió sus votos siguiendo la línea soviética, incluso apoyó la invasión de Afganistán. Bishop acompañó a Fidel Castro cuando este último visitó Nicaragua para celebrar el primer aniversario del triunfo de la revolución sandinista. En un acto público habló siguiendo la línea comunista.

En la primera semana de octubre de 1983, Bishop viajó a Checoeslovaquia y después a Cuba. Durante su ausencia, sus rivales políticos prepararon las bases para confrontar a Bishop a su regreso.

El embajador soviético en Granada, Gennadity Sashenov informó a los enemigos de Bishop que este se estaba apartando del plan de socializar Granada, según reportes recién recibidos. En efecto, había aceptado un préstamo de catorce millones de dólares del Fondo Monetario Internacional, había prometido al pueblo celebrar un referendo para elaborar una constitución al país, había permitido que la libre empresa continuara desarrollándose, y finalmente, en una visita a Washington había empezado a dialogar con el gobierno norteamericano.

Bishop regresó a Granada, y después de una confrontación con el ala radical de su partido, fue puesto en arresto domiciliario. Algunos de sus seguidores fueron arrestados y los estudiantes granadinos, en protesta, marcharon por las calles pidiendo la liberación de los detenidos. El vice primer ministro, Bernard Coard, tomó el mando del gobierno e hizo que el Movimiento Nueva Joya promoviera un golpe de estado.

El 19 de octubre de 1983, un grupo de simpatizantes de Bishop acudieron a su casa y lo liberaron. Pocas horas más tarde, fuerzas del ejército los interceptaron, ejecutaron a Bishop, a tres miembros de su gabinete y a varias personas inocentes del pueblo.

El pueblo de Granada fue advertido por el gobierno golpista de no salir de sus casas, porque si salían perderían sus vidas. El comercio cerró sus puertas y en consecuencia, el país quedó paralizado. Alistair Hughes, periodista local que cubrió todo lo sucedido ese día, fue arrestado y llevado a la prisión de Richmond Hill en Saint George.

Cuatro días después del asesinato de Bishop, el 23 de octubre, se reunieron los primeros ministros de los países de la Organización de Estados del Caribe Oriental, en Puerto España, Trinidad, con el propósito de analizar los últimos sucesos ocurridos en Granada. Tom Adams, primer ministro de Barbados estuvo ausente en dicha reunión, se excusó con la siguiente declaración:

> Tuve que quedarme en mi país, ya que estábamos planeando una intervención militar en Granada, de acuerdo con los gobiernos de la región. En tal virtud, tenía que quedarme en Barbados para coordinar la operación y precisar los detalles militares de la misma. A medio día fui al Alto Comisionado Británico, le informé del plan, notificándole que su país sería invitado a participar. Después conversé con el embajador de Estados Unidos, le presenté la petición de nuestra organización de países, para que Estados Unidos entrara en el plan. El señor embajador quedó en informarle a su gobierno los acuerdos tomados.

En esa reunión de primeros ministros acordaron imponerle sanciones al nuevo gobierno surgido en Granada. La primera sanción fue suspender la participación de Granada como miembro de CARICOM, que es la Asociación Comercial entre los países del Caribe inglés.

La segunda sanción consistió en suspender cualquier contacto con el nuevo gobierno, el cual había llevado a cabo el golpe de estado y asesinó al primer ministro Maurice Bishop.

Otro acuerdo tomado ese día por los primeros ministros fue pedir ayuda a los Estados Unidos, Jamaica y Barbados para enfrentar la grave crisis en Granada.

Después de consultas y gestiones entre los gobiernos, se decidió proceder a la invasión de Granada, para restablecer el orden, rescatar a los estudiantes norteamericanos que estaban detenidos como rehenes en la isla e instalar un gobierno democrático.

El 25 de octubre de 1983, la isla fue invadida por las fuerzas militares de los Estados Unidos y de otras seis naciones del Caribe, dentro de una campaña militar llamada *Operación Furia Urgente*.

El presidente Ronald Reagan, acompañado por la Sra. Eugenia Charles, primer ministro de Dominica, anunció por televisión el comienzo de la invasión a Granada, exponiendo las razones que motivaron que tropas americanas, conjuntamente con otras tropas de países del área del Caribe, llevaran a cabo la operación.

El gobierno de Estados Unidos explicó que el pueblo de Granada representaba una amenaza a la seguridad de los estadounidenses residentes en el país caribeño, debido a la inestabilidad política.

La acción militar en Granada fue anunciada por Ronald Reagan, presidente de Estados Unidos, el día 25 de octubre de 1983. Estas fueron sus palabras:

> Hoy temprano, fuerzas de seis países democráticos del Caribe y de los Estados Unidos han llevado a cabo un desembarco en la isla de Granada. Hemos tomado este camino de acción por tres motivos. Primero y más importante, proteger vidas inocentes, incluyendo la de mil norteamericanos, cuya seguridad personal es nuestra preocupación. Segundo: ayudar al restablecimiento de la ley, el orden y un sistema de gobierno en la isla de Granada,

donde un grupo de izquierdistas brutales han tomado violentamente el poder, asesinando al primer ministro, tres miembros de su gabinete, dos líderes obreros y a varios civiles, incluyendo menores de edad.

La operación militar se llamó "Urgent Fury" (Furia Urgente). Comenzó a las cinco de la madrugada con los helicópteros que despegaron del barco "USS Guam" de los Estados Unidos y llegaron al aeropuerto Pearl de Granada, pocos minutos después. Los helicópteros estaban llenos de soldados "marines", que fueron recibidos a tiro limpio por las fuerzas del ejército de Granada.

El general Rudyard Lewis de Barbados fue el jefe de las fuerzas internacionales que desembarcaron en Granada el 25 de octubre. En la invasión participaron militares de Jamaica, Barbados, Santa Lucia, San Vicente, Dominica, Antigua y Estados Unidos.

El segundo grupo de helicópteros llegó a las 6:00 am. Fueron recibidos con fuego de cañones de 12.7 mm emplazados en una loma cercana al lugar donde esperaban aterrizar. Helicópteros norteamericanos, con fuego certero, silenciaron a los puntos de resistencia. En dos horas, el aeropuerto ya estaba en manos de las fuerzas invasoras.

Las fuerzas de Estados Unidos encontraron resistencia al tratar de aterrizar en Punta Salinas. Ante el gran fuego de los locales y los cubanos, las tropas que llegaban por aire tuvieron que saltar en paracaídas a solo 500 metros de altura. Los aviones de Estados Unidos dispararon contra los emplazamientos en tierra y lograron acabar con ellos.

Los cubanos y soldados de Granada estaban bien emplazados en puntos altos y resistieron fuertemente el ataque. En

Granada había más de 50 militares cubanos que asesoraban a las fuerzas granadinas. También había cubanos paramilitares, que eran agentes de inteligencia.

Una de las preocupaciones tácticas conocidas de los Estados Unidos era la recuperación con vida de los estadounidenses matriculados en la Universidad de St. George. Parte de los estudiantes norteamericanos estaban en el "True Blue Campus" del centro médico de la capital.

Esos estudiantes fueron rescatados tan pronto los invasores aseguraron la ciudad. El otro grupo de estudiantes estaba en Grand Anse, otro centro médico. Todos fueron rescatados por soldados de las fuerzas especiales norteamericanas, que los sacaron de allí en helicópteros primero y después en aviones C141. Al verse a salvo, estallaron con gritos de júbilo y alegría.

Al llegar a su patria, los estudiantes fueron entrevistados por la prensa. Contaron las experiencias vividas, el grave peligro que los amenazaba y lo felices y agradecidos que estaban de haber sido rescatados y poder volver a Estados Unidos.

Dos días después de la invasión, el 27 de octubre, el Departamento de Defensa de Estados Unidos transportó desde Barbados hasta Granada a varios periodistas, entre ellos a mi grupo. Teníamos acceso a las noticias, pero estábamos ávidos de cubrir de cerca las incidencias de la operación militar.

Cuando llegamos al aeropuerto de Punta Salinas, en Granada, vimos despegar a un escuadrón de helicópteros norteamericanos que se dirigían hacia San Jorge, la capital, donde todavía quedaban focos de resistencia. El despegue de los helicópteros para dirigirse al combate me hizo recordar una escena similar de la película *Apocalipsis Now*, del director Francis Coppola.

Poco después, nos enteramos que cerca de allí se encontraban detenidos varios cientos de los cubanos capturados durante el combate. Inmediatamente empecé a averiguar cómo podía entrevistar a algunos de ellos, pero me explicaron que eso estaba prohibido y que era necesario que un alto oficial del ejército de Estados Unidos diera su autorización para hacer contacto con dichos prisioneros.

Conversé con un mayor del ejército norteamericano que estaba a cargo de custodiar a los prisioneros cubanos. Al principio se opuso y, conversando conmigo, me mostró documentos ocupados a los prisioneros. En los mismos era evidente que era una unidad paramilitar y no solamente un grupo de trabajadores de la construcción. Estaban organizados por escuadras asignadas a distintas labores.

Por fin, tras mucho insistir, logré que me permitieran entrevistar a los prisioneros. Fui con el camarógrafo, Pericles Mejía, y me coloqué fuera del alambrado de púas que cercaba el área donde estaban sentados en la tierra. Todos tenían sombreros de guano para protegerse del sol.

Como soy cubano exiliado, no podía darles a conocer ese detalle, porque seguramente se hubieran negado a contestar mis preguntas. Les grité desde afuera de la alambrada: "Soy periodista de un canal de televisión de Venezuela y nos han dicho que ustedes mostraron gran valentía ofreciendo una fuerte resistencia a los invasores. Queremos entrevistar a alguien aquí para conocer detalles de su actuación".

Noté que enseguida comenzaron a correr la voz entre ellos y poco después vino hasta la cerca un prisionero delgado, a responder mis preguntas. Me imagino que ese debía ser el de más jerarquía. Le pregunté cómo habían hecho tan fuerte resistencia al ataque. Me contestó que el ideal revolucionario que todos tenían les dio el valor para combatir. Mi segunda pregunta fue que de dónde habían obtenido las armas que utilizaron y él respondió diciendo que los militares de Granada les habían facilitado las armas. Seguido le pregunté cómo sabían ellos el manejo de esas armas, a lo cual me contestó que todos ellos era milicianos y que periódicamente en Cuba, su país, recibían entrenamiento militar. Después entrevisté a otro preso y me dio respuestas parecidas.

Días después se supo que el jefe de los cubanos en Granada era el comandante Pedro Tortoló, quien había recibido instrucciones de Fidel Castro de pelear hasta morir, lo cual no cumplieron los cubanos, aunque sí pelearon fuertemente. Claro, es de suponer que los cubanos en Granada lucharon al ser agredidos por los invasores, pero después de todo, Granada no es su patria, no tenían por qué luchar hasta morir. Muy distinto hubiera sido si hubieran peleado en Cuba contra una invasión.

Las imágenes de estas entrevistas con los prisioneros cubanos están incluidas en nuestro especial de televisión *Enfoque en Granada*.

Mediante negociaciones internacionales, Cuba logró que le entregaran a los cubanos presos en Granada. Cuba envió aviones a Saint George para recogerlos y trasladarlos a su país. En La Habana fueron públicamente recibidos como héroes por haber luchado contra la invasión.

Sin embargo, Fidel Castro nunca les perdonó que no hubieran "luchado hasta morir". El comandante Tortoló y otros oficiales fueron enviados, como castigo, a zonas de combate en Angola, Etiopía y otros lugares de África, donde peleaban las fuerzas cubanas. Los demás fueron obligados a trabajar en labores difíciles, como construir carreteras y otras obras públicas.

Con el típico sentido del humor cubano, en Cuba se pusieron de moda los zapatos Tortoló, "los que mejor corren" y surgieron frases para referirse a alguien que huye de una confrontación; se le decía "corrió como Tortoló".

Ese día, octubre 27, ya las fuerzas invasoras habían vencido toda resistencia y entraron triunfantes en Saint George.

Muchos presos políticos fueron liberados de la cárcel de Richmond Hill, entre ellos, el periodista Alistair Hughes, que había sido detenido porque estaba presente cuando apresaron a Maurice Bishop. Hughes expresó sentir tremenda alegría al ser puesto en libertad.

Bernard Coard, autor intelectual del golpe de estado en contra de Maurice Bishop, fue capturado por el pueblo de Granada y entregado a las fuerzas militares caribeñas. El general Hudson Austin también fue arrestado. Saint George comenzó a volver a la normalidad.

Winston White, líder político de la oposición durante el gobierno de Bishop, salió libre después de cuatro años en prisión. Entrevistado por la prensa contó su lucha contra Bishop:

> Mi nombre es Winston White, he estado envuelto en asuntos nacionales en Granada en los últimos catorce años. He sido miembro del parlamento desde 1969, pero en los pasados cuatro años he estado preso en la cárcel de Richmond Hill. Fui arrestado porque me opuse al gobierno de facto. Formé parte de la coalición llamada "Alianza del pueblo" conjuntamente con Robert Blake. Él y yo estábamos totalmente opuestos al golpe de estado que dio Bishop, ya que

en las elecciones anteriores nuestro partido consiguió el 48% de los votos. Fue una lástima que Bishop tomara el camino de las armas, ya que se trata de asuntos del pueblo. Nos opusimos y nuestra actitud causó que el Movimiento Nueva Joya ordenara nuestro encarcelamiento.

Mientras tanto, la influencia cubana se afincaba más en el país. Comenzaron los arrestos y juicios, arrojaban a uno en la prisión y se olvidaban de que existía. Pasé los últimos tres días en la cárcel sin agua ni comida. Esos guardias huyeron dejándonos encerrados a morir. Quiero aprovechar la oportunidad para dar las gracias a las naciones hermanas del Caribe Oriental, a Barbados en especial, a Jamaica y a los Estados Unidos, por habernos liberado; al pueblo de Granada y a nosotros en particular. No estoy de acuerdo con los que en el extranjero critican esta operación, ya que no ha sido invasión, sino liberación.

El Sr. Neville Gallymore, ministro de Relaciones Exteriores de Jamaica, visitó Granada para observar el progreso de la operación y durante una rueda de prensa explicó la posición de su país:

Para mí, esta fue una operación muy necesaria que se ha llevado a cabo con mucho éxito, y fue muy importante para el futuro del Caribe del Este. Estos países recibieron una amenaza a su seguridad y se pidió asistencia de varios países de la región, incluidos Jamaica, los Estados Unidos y Barbados. Nosotros los apoyamos y ahora hemos logrado ver que en realidad era una situación muy peligrosa. Hemos encontrado una base armada en efecto, una base cubana donde hay cajas con letreros solamente en español, nada en inglés. Además los cubanos habían dicho que tenían menos de trescientas personas aquí, como brigadistas de construcción. Enfrente de nosotros aquí, hay más de seiscientos prisioneros cubanos, además de los otros que están afuera. Fue una operación que fue llevada a cabo a tiempo, si no, la seguridad de todo el Caribe estaba en peligro.

Más de 600 pasaportes cubanos fueron encontrados en la oficina de la jefatura cubana en la isla. Era evidente que los cubanos tenían que entregar sus documentos a su llegada a Granada. Asesores militares de Alemania del Este y norcoreanos fueron capturados durante la invasión.

Edward Seaga, primer ministro de Jamaica, explicó porqué la Organización de Países del Caribe del Este estuvo preocupada por la fuerte presencia cubana en Granada:

Los cubanos y los soviéticos almacenaron esa gran cantidad de armamentos en la base militar de Punta Salinas con el propósito de convertir a Granada en una base militar, para llevar a cabo operaciones en contra de sus vecinos que no tienen defensa alguna, ya que los países del Caribe Oriental no disponen de ejércitos mayores de doscientos hombres y en algunos casos no tienen ejército alguno. No hay duda de que Granada iba por el camino de desestabilizar los países de la región.

El arsenal de armas soviéticas ocupadas en el almacén de Punta Salinas era suficiente para equipar a diez mil soldados, el triple de las armas que podía usar el ejército de Granada, que era de tres mil soldados. Todo indicaba que estas armas tenían otros fines encaminados a dominar a otros países de la región.

Francis Alexis, presidente del Movimiento Democrático de Granada, expresó su opinión respecto a la invasión:

> La situación existente en mi país: los granadinos residentes en el exterior y los que se encontraban en Granada, pidieron asistencia internacional porque no había forma de que los granadinos, por sí solos, pudieran contrarrestar la fuerza del ejército de Granada, entrenados en Cuba y la Unión Soviética, y asistidos en Granada por cubanos, rusos y también por alemanes orientales y coreanos. Los cubanos decían que ellos eran solo constructores, pero cuando las fuerzas amigas desembarcaron en Granada, se convirtieron, en cuestión de horas, en tropas militares. Esa era la situación en Granada cuando Estados Unidos llegó, por lo que quisimos enfatizar que las tropas norteamericanas vinieron por la invitación hecha por los granadinos, hecha oficialmente a través de los jefes de los estados del Caribe, pero sin lugar a duda, lejos de ser invasores, ellos vinieron a liberarnos. Todos los granadinos, menos un uno por ciento, les dirán lo mismo. Y toda persona en cualquier país vecino del Caribe dirá lo mismo.

Aprovechando que la situación en Saint George se encontraba tranquila y sin riesgos, pues toda la resistencia había sido controlada, entrevistamos a varias personas del pueblo:

> Estoy muy contenta de que los americanos nos hayan rescatados y creo que todo saldrá bien. Agradezco a los

americanos y a las fuerzas de nuestros vecinos del Caribe que nos hayan liberado.

Todos los entrevistados del pueblo hablaron en inglés, que es el idioma oficial en Granada. Estas entrevistas, subtituladas en español, fueron incluidas en la última parte de nuestro especial de televisión *Enfoque en Granada*.

Los países que forman parte de lo que fue la comunidad británica, al obtener su independencia, mantuvieron una monarquía parlamentaria. La monarca británica es formalmente la Jefa de Estado. Ella es representada por un Gobernador General, aunque el poder ejecutivo real recae sobre el primer ministro, quien es el líder del gobierno, nombrado por el Gobernador General y suele ser el miembro del partido con más representación en el parlamento.

En Granada, el Gobernador General era Sir Paul Scoon, cuando los que dieron el golpe de estado mataron a Maurice Bishop y tomaron control del país. Sir Paul Scoon había pedido a los dirigentes de los países del Caribe Oriental que ayudaran a resolver la crisis producida por el golpe y ejecución a Bishop. Después de la invasión, cuando la situación de Granada volvió a la normalidad, Scoon fue la máxima autoridad, a quien le correspondía encaminar al país hacia el restablecimiento del sistema democrático.

Rafael James, político granadino, que había salido al exilio para salvar su vida durante el gobierno de Bishop, tan pronto supo de la invasión viajó a Barbados. Cuando se conoció que las fuerzas de Bernard Coard y del general Hudson Austin habían sido vencidas y que se había restablecido el orden en Granada, viajó hacia allí y dio una conferencia de prensa:

Lo que me gustaría decirle al mundo es que hace alrededor de una semana, la Unión Soviética declaró a los Estados Unidos que si instalaban más armamentos en Europa, ellos establecerían nuevos misiles que podían llegar a Estados Unidos en cuestión de diez minutos y el mapa del mundo indica todos los lugares que la Unión Soviética tiene bajo su dominio, solo un lugar en el mundo caía dentro de esa categoría y ese lugar era la pequeña isla de Granada, mi tierra nativa. Me sentí muy bien cuando supe la noticia de que los americanos encontraron que una base militar estaba siendo construida en Granada, lo que dije a personas en Nueva York, el viernes 21 de octubre, en una conferencia de prensa en esa ciudad con el Movimiento Democrático de Granada. El domingo 23 de octubre tuve otra conferencia de prensa en Brooklyn, tratando de informar al mundo de la situación en Granada. Es irónico que mucha gente en el mundo no comprendiera que los rusos intentarían poner misiles en nuestro país. La gente solo tiende ver a Cuba, pero lo que debían tomar en cuenta es que cuando Kruschev y Kennedy firmaron el acuerdo, después del incidente de Bahía de Cochinos y después de la crisis de los misiles en octubre de 1962, de que la Unión Soviética no pondría misiles en Cuba, erróneamente la administración de Kennedy no insistió en que la Unión Soviética no pusiera misiles en ningún lugar en el Caribe y que este acuerdo no cubría a Granada. La Unión Soviética estaba libre de hacer lo que quisiera en Granada, pensando que los Estados Unidos se cruzarían de brazos dejando que los soviéticos, a través de los cubanos, colonizarían a Granada. Antes de terminar, me gustaría que el mundo entero entendiera que nosotros, los granadinos, no vemos a los americanos, ni a los del Caribe como invasores. Los vemos como gentes que solo quieren salvar a la humanidad y llevar la tranquilidad que Dios les dio, a los granadinos.

Cuando terminaron los combates, el primer ministro de Jamaica visitó Granada de nuevo y explicó a la prensa el motivo de su visita:

Participamos en esta operación aceptando una invitación de los países del Caribe Oriental, basada en un acuerdo que tienen en la región debido, en este caso, a que estimaban que existía una amenaza a su seguridad. Tenemos suficientes razones para creer que el régimen de Bishop estaba en el camino de celebrar elecciones y eso causó preocupaciones a sus opositores radicales, por lo cual lo asesinaron junto con varios miembros de su gabinete.

El balance general de la operación Urgent Fury, fue:
En la invasión participaron siete mil soldados norteamericanos y trescientos de la Organización de Países del Caribe Oriental más Jamaica y Barbados. Las fuerzas invasoras encontraron unos 1,500 soldados granadinos y alrededor de 722 cubanos. Las bajas de Estados Unidos fueron 19 muertos y 116 heridos. Los granadinos perdieron 45 militares, 24 civiles murieron y 358 soldados resultaron heridos. Los cubanos tuvieron 25 muertos, 59 heridos y 638 prisioneros.

Restablecida la normalidad en Granada, controlada la situación militar y habiendo sido rescatados y devueltos sanos y salvos los estudiantes norteamericanos a su país, la mayoría de los periodistas internacionales que cubrieron la invasión y sus pormenores, comenzaron el regreso a sus países de origen.

En dos días las tropas invasoras capturaron a los líderes de la revolución y a sus consejeros cubanos, que supuestamente estaban trabajando en la construcción de un aeropuerto para la isla, cuando en realidad eran soldados de las fuerzas especiales cubanas, milicianos entrenados e ingenieros militares construyendo una base aérea militar en Puerto Salinas.

Las fuerzas invasoras derrotaron a la resistencia granadina y cubana y derrocaron la dictadura militar de Huston Austin. El gobierno constitucional fue restaurado. Elecciones libres y democráticas fueron restablecidas por el nuevo gobierno granadino el siguiente año.

Tras la victoria decisiva de Estados Unidos, el Gobernador General de Granada, Paul Scoon, nombró un nuevo gobierno y, a mediados de diciembre del mismo año 1983, los norteamericanos se retiraron de Granada.

Tan pronto regresamos a Santo Domingo, comenzamos a editar todo el material grabado para el especial. Debido al inesperado problema con la cámara, tuvimos que utilizar un filtro especial que balanceara correctamente los colores del video.

Afortunadamente, salvamos nuestro trabajo y el programa fue un éxito de venta a emisoras de América Latina, y la versión en inglés a las emisoras de la mancomunidad británica en el Caribe.

CAPÍTULO 6
PANAMÁ

Transcurría el año 1988 y los medios de comunicación llevaban meses informando al mundo sobre la violencia en Panamá y la terrible crisis que sufría el país.

En nuestro programa *Planeta 3*, habíamos tratado el caso de Panamá. Entre los invitados a participar en esas grabaciones estuvieron la valiente periodista Mayín Correa y el señor Manuel Burgos, pertenecientes ambos a la Cruzada Civilista Panameña, que luchaba contra la dictadura del general Manuel Antonio Noriega.

En un aparte durante las grabaciones, la Sra. Mayín Correa me informó que ella había dejado escondidos en Panamá unos videocasetes con imágenes de la represión que había desatado Noriega contra las manifestaciones pacíficas de la Cruzada Civilista. Esos ataques eran llevados a cabo por el escuadrón de los "Doberman", fuerza especial represiva de Noriega. Mayín tuvo que escapar de Panamá por temor a ser arrestada y eliminada por Noriega. En igual situación estuvo el activista Manuel Burgos, quien también se vio forzado a exiliarse para salvar su vida.

Mayín y Burgos me explicaron que era necesario dar a conocer al mundo la situación en que vivía el pueblo panameño.

Motivado a cooperar en la lucha del pueblo de Panamá a liberarse de la dictadura del general Noriega, preparé un viaje a Panamá con el objetivo de entrevistar a los líderes de la oposición y rescatar los videos que la periodista Mayín Correa había dejado guardados con una persona de su confianza. Con las entrevistas que yo hiciera y esos videos, el propósito era hacer un especial de televisión denunciando la tiranía del general Noriega y distribuirlo, para su venta y exhibición, a las emisoras de América Latina, el Caribe y Estados Unidos.

El 19 de julio de 1988, con mi personal técnico y equipos, llegamos al aeropuerto de Panamá. A pesar de mi temor, ya que sabía que el propósito de nuestro viaje era hacer algo en contra del régimen de ese país, no tuvimos problemas al pasar por inmigración y aduana.

Tan pronto nos registramos en el hotel, donde habíamos reservado, subimos a nuestras habitaciones. Allí dejé al personal técnico y equipos y fui solo, en un taxi, al lugar donde Mayín me había indicado que se encontraban los videos escondidos. La dirección era en un edificio de varios pisos. Bajé del taxi, miré si alguien me seguía o mostraba interés en mí. Después de verificar que aparentemente no había problema, entré al edificio y tomé el ascensor, marcando el número del piso indicado. Siguiendo previas instrucciones, encontré a la persona, le di la contraseña y le expliqué el motivo de mi visita.

Mayín lo había llamado advirtiéndole que yo iba a recoger los videos. Enseguida buscó los casetes (eran 3 o 4) y me los entregó. Entonces regresé al hotel; con papel y cinta adhesiva envolví los casetes y preparé un paquete. Le puse una etiqueta dirigida a mi nombre con la dirección de mi oficina en Santo Domingo, República Dominicana, y yo como remitente.

Sin perder tiempo tomé un taxi y fui a las oficinas de Federal Express, donde despaché el paquete sin problema alguno. Mi preocupación era que si en algún momento las fuerzas de seguridad de Noriega nos detenían, era comprometedor tener en nuestra posesión esos videos que demostraban la violenta represión del dictador al pueblo panameño.

Antes de continuar mi relato, es importante hacer un paréntesis para exponer algunos datos geográficos de Panamá, y los antecedentes históricos que motivaron este conflicto.

Panamá es un país ubicado en la parte más estrecha del Continente Americano, en el istmo que conecta a Norte, Centro, y Sur América. Su nombre oficial es República de Panamá. Limita al norte con el Mar Caribe, al sur con el Océano Pacífico; al este con Colombia y al oeste con Costa Rica. Su territorio tiene aproximadamente 78,200 kilómetros cuadrados y al final de los años 80 tenía cerca de dos millones de habitantes.

La esbelta silueta del país, que mide tan solo 80 kilómetros en su parte más angosta, permitió la construcción del primer ferrocarril transcontinental del mundo en 1855 y luego del Canal de Panamá, a principios del siglo veinte, que volvió a crear un nexo entre los océanos.

Su división política comprende nueve provincias. La capital y ciudad más grande de la República, centro político y administrativo, es Ciudad de Panamá, ubicada en la costa del Pacífico. El idioma oficial del país es el español.

Panamá era parte de la Gran Colombia que abarcaba los países de Colombia, Venezuela, y Ecuador. El deseo panameño de convertirse en una república libre y soberana la llevó a separarse de Colombia. En noviembre 3, 1903, tuvo lugar la proclamación de independencia en la ciudad de Panamá.

Una vez declarada la separación de Panamá, de Colombia, el nuevo gobierno logra la firma de un tratado con el gobierno de los Estados Unidos de América, para la construcción del canal interoceánico. En 1904 se inició la construcción del Canal de Panamá, considerada la octava maravilla del mundo, obra que facilita la comunicación entre las costas de los océanos Atlántico y Pacífico y que influye significativamente en el comercio mundial. La sorprendente obra de ingeniería fue terminada en 1914. Panamá se convirtió en un centro comercial importante.

Desde su independencia, Panamá experimentó altas y bajas políticas, similares a las sufridas por varios países latinoamericanos.

En 1968, el general Omar Torrijos, jefe de la Guardia Nacional, derrocó al entonces presidente Arnulfo Arias y desde entonces los militares controlaron los destinos del país.

A partir de la década de los 70, Panamá comenzó un proceso de desarrollo económico basado en las instalaciones de industrias, el auge de la Zona Libre de Colón, y la afluencia del turismo. En esos años de desarrollo del turismo, se hizo famoso el carnaval de Panamá. Se construyeron nuevos hoteles, casinos, y Panamá se convirtió en un centro turístico de primer orden.

El 31 de julio de 1981 muere el general Omar Torrijos en un accidente aéreo. Asume entonces la jefatura el general Rubén Darío Paredes, quien después se retiró como militar para participar en el proceso político del país.

Dos años después, el 12 de agosto de 1983, el general Manuel Antonio Noriega asume la jefatura de los militares panameños, denominados Fuerza de la Defensa Nacional.

En 1984 se llevaron a cabo elecciones en Panamá. Fueron candidatos el licenciado Nicolás Ardito Barletta por el PRD, partido ligado a los militares, y por otra parte el Dr. Arnulfo Arias. Producto de un fraude electoral, resultó presidente de Panamá el candidato Barletta.

Hugo Spadafora, exministro de Salud de Panamá, un popular médico que luchó contra Somoza y después contra el gobierno de los nueve comandantes en Nicaragua, fue asesinado el 13 de septiembre de 1985 por militares que cumplían órdenes del general Noriega.

El presidente de Panamá, licenciado Nicolás Ardito Barletta, ordenó que se investigara el asesinato de Hugo Spadafora, hecho que provocó que el general Noriega sustituyera a Barletta, poniendo en su lugar al Dr. Eric Arturo del Valle.

El periódico *La Prensa* fue intervenido y clausurado por el gobierno. Su director y propietario, el Sr. Roberto Eisenman, pudo escapar hacia Estados Unidos.

Poco a poco, la situación de Panamá volvió a la normalidad, hasta que el 8 de junio de 1987, el general Roberto Díaz Herrera, subjefe de las Fuerzas de Defensa, que había sido retirado por Noriega, convoca a una rueda de prensa donde acusa a Noriega de ser el autor intelectual del asesinato de Hugo Spadafora. También culpa a Noriega del fraude electoral de 1984, de actos de corrupción y vinculaciones con el narcotráfico.

Las denuncias públicas del general Díaz Herrera confirmaron lo que ya todo Panamá sabía. La ciudadanía panameña, con legítima indignación, se lanzó a las calles a protestar contra el general Noriega, demandando que se fuera. Noriega respondió lanzando a la calle a los militares de la unidad de los "doberman", para reprimir la protesta popular. Otros grupos de paramilitares al servicio del general Noriega, sembraron el terror en la ciudadanía.

En febrero de 1988, el entonces presidente de Panamá, Eric Arturo del Valle, acogiéndose al sentir popular y a las acusaciones en contra del general Noriega, lo destituye. Noriega responde a su vez, ordenando la deposición del presidente del Valle, y nombra en su lugar al Lic. Manuel Solís Palma como presidente provisional de Panamá. Inmediatamente, el general Noriega cierra diferentes medios de comunicación incluyendo la clausura del canal 5 de televisión, propiedad de la familia Del Valle.

El 16 de marzo de 1988, el coronel Leónidas Macía, jefe de la Policía Nacional de Panamá y otros oficiales, trataron de derrocar al general Noriega, pero el intento fracasó. En represalia, Noriega purgó las filas de las Fuerzas de Defensa poniendo en retiro a muchos oficiales, ignorando el escalafón y arruinó así la carrera de muchos militares. Como resultado, gran cantidad de oficiales quedaron descontentos con las medidas de Noriega.

El 19 de julio de ese año, el encargado de la Presidencia de Panamá, Lic. Solís Palma, presentó al Congreso un proyecto de ley electoral, que parecía estaba preparado para abrirle el camino al general Noriega o a uno de sus testaferros para ocupar la presidencia en unas elecciones controladas por ellos a celebrarse el próximo año, 1989.

En síntesis, esos son los datos históricos que llevaron al país a la crisis política y económica existente en ese momento.

Cumpliendo con el propósito de mi viaje, procedí a entrevistar a líderes cívicos de la oposición a Noriega. Mayín Correa me había entregado una lista con sus nombres, qué representaban y dónde localizarlos.

Conseguí localizar a muchas de esas personas y grabamos varias entrevistas. Entre ellas:

- Dr. Osvaldo Velázquez, médico y presidente de la Comisión Panameña de Derechos Humanos
- Dr. Arias Calderón, presidente del Partido Demócrata Cristiano de Panamá
- Dr. Carlos López Guevara, excanciller panameño
- Sr. Alberto Alemán, presidente de la Cámara de la Construcción
- Sr. Alberto Boyd, presidente del Consejo Nacional de la Empresa Privada

Todos nos explicaron sobre la situación crítica en su país, donde el abuso a los derechos humanos de los ciudadanos era constante y diario. También expresaron cómo la economía estaba paralizada y que la situación era muy grave.

Ese mismo año, la organización Amnistía Internacional publicó un estudio condenando al gobierno de Panamá por agresión a los derechos humanos en ese país. En la calle entrevistamos a personas del pueblo: jóvenes, amas de casa, trabajadores y comerciantes. Casi todos protestaban contra el dictador Noriega y contra la grave situación reinante en el país.

Terminadas las entrevistas, regresamos a Santo Domingo, donde editamos y distribuimos por toda América Latina, un especial de televisión titulado *La Crisis de Panamá*.

Pocas semanas después, llegaron noticias de que la situación en Panamá seguía deteriorándose. La violencia por parte del régimen había arreciado. Los opositores eran capturados y torturados. Mientras eso sucedía, continuamos al tanto de todos los eventos en esa región.

La prensa internacional comenzó a informar acerca de la riqueza del dictador Noriega. Se conoce entonces que en una sola cuenta en el extranjero tenía 500 millones de dólares y que además poseía costosas propiedades en varias ciudades del mundo.

Mientras tanto, el general Noriega estrechó sus relaciones con el dictador cubano Fidel Castro. Pronto llegaron a Panamá armas provenientes de Cuba. Noriega comenzó entonces a armar y entrenar milicias del pueblo con el armamento enviado por el régimen cubano.

Noriega también estrechó relaciones con Daniel Ortega, presidente de Nicaragua, que seguía la línea de gobierno trazada por Fidel Castro. A partir de entonces, expertos cubanos y nicaragüenses en Panamá, comenzaron a desempeñar labores de inteligencia, de comunicaciones, y de interrogatorios a detenidos. Se empezó a repartir gratuitamente en Panamá la publicación comunista *Juventud Rebelde*, como ejemplo de la presencia cubana en el país.

A través de las conexiones cubanas con el narcotráfico internacional, Panamá se volvió un importante centro bancario para el lavado de dinero proveniente de las drogas ilícitas.

Noriega y miembros del Cartel de Medellín, zares del narcotráfico, se reunieron con Fidel Castro en Cuba para llegar a importantes acuerdos acerca del movimiento de la droga hacia Estados Unidos y para el lavado de dinero proveniente de esas utilidades. Un agente del gobierno norteamericano logró infiltrarse en esa reunión actuando de camarero, sirviendo bebidas y comida a los asistentes. Con una cámara miniatura colocada en la hebilla del cinturón, el supuesto camarero tomó fotos de la reunión, en las cuales se ve a Castro, Noriega, Manuel Piñeiro "Barba Roja" y al representante del cartel de Medellín. Una de esas fotos fue hecha pública después y apareció en múltiples medios informativos mundiales.

Organismos internacionales, como la Sociedad Interamericana de Prensa, en sus reuniones de ese año 1988, denunciaron las violaciones a la libertad de prensa y los abusos a los derechos humanos en Panamá.

En agosto de 1988 falleció en la ciudad de Miami, Florida, el Dr. Arnulfo Arias, expresidente de Panamá y líder del Partido Panameñista Auténtico. El Dr. Arias era una figura muy querida para el pueblo panameño. A su entierro en Panamá acudieron más de seiscientas mil personas de todo el país, para testimoniar su cariño al Dr. Arnulfo Arias y aprovechar, al mismo tiempo, para mostrar su repudio a la dictadura del general Noriega.

El entierro partió de la Catedral de Panamá a las 10 de la mañana y terminó a las 8 de la noche en el cementerio. Más de 12 kilómetros de calles se llenaron de panameños emocionados que daban su último adiós a su amigo, el Dr. Arnulfo Arias. Si la manifestación de esas seiscientas mil personas se considerara como un plebiscito, es indudable el repudio de todo un pueblo hacia la dictadura que lo sojuzgaba y oprimía. El pueblo panameño con este acto dio un *sí* a la libertad y la democracia y un *no* al dictador Noriega.

A principios de diciembre se reunieron representantes de los partidos políticos de oposición de Panamá, de los organismos cívicos, sindicatos obreros y organizaciones gremiales de dicho país y conjuntamente acordaron firmar un documento de concertación política para la lucha contra la dictadura del general Noriega.

El 7 de mayo de 1989 se celebraron elecciones presidenciales en Panamá. Por la oposición a Noriega los candidatos fueron: Guillermo Endara, como presidente; Ricardo Arias Calderón, como primer vicepresidente y Guillermo Ford, segundo vicepresidente.

Por el gobierno, postulado por la Coalición de Liberación Nacional, compuesta por varios partidos encabezados por el PRD (Partido Revolucionario Democrático), el candidato fue Carlos Alberto Duque Jaen, amigo y socio del general Noriega.

El pueblo votó masivamente a favor de los candidatos de la oposición colectando más del setenta por ciento de los votos. El general Noriega, con un desprecio total por el derecho del pueblo a elegir a sus gobernantes, anuló las elecciones.

La mayoría de los países latinoamericanos retiraron sus embajadas de Panamá, en señal de protesta, ante la acción antidemocrática de Noriega al invalidar las elecciones

La Organización de los Estados Americanos (OEA), nombró una comisión para mediar la crisis panameña, pero después de varias visitas y gestiones, no resolvió nada.

El pueblo panameño protestó contra el gobierno y el dictador respondió con una feroz represión.

La Comunidad Económica Europea, teniendo en cuenta las acciones totalitarias del gobierno de Panamá, acordó una serie de medidas políticas y económicas contra la dictadura.

El 1ro de septiembre de 1989, Noriega nombró un nuevo presidente "títere", el Sr. Francisco Rodríguez y un mes después, el 3 de octubre, un grupo de militares panameños, encabezado por el mayor Moisés Giroldi, intentan un golpe militar contra Noriega. Al principio, creyendo que el dictador había caído, el pueblo salió jubiloso a las calles para celebrar la noticia. Pocas horas después se conoció la triste noticia de que la insurrección había sido controlada y que el mayor Giroldi había sido asesinado.

Hasta ese momento, la OEA no había podido resolver el conflicto de Panamá y no se había concretado ninguna acción sobre qué podían hacer los países democráticos al respecto.

El general Noriega desarrolló una campaña que consistía en financiar candidaturas presidenciales en varios países de América, con el propósito de neutralizar la oposición hemisférica, en caso que los candidatos apoyados por él lograran triunfar en las elecciones de sus países respectivos.

El clan ligado a Noriega ofreció un cuarto de millón de dólares por el asesinato de cada uno de los principales opositores al dictador panameño. Noriega declaró entonces que en el caso de que él fuera asesinado o secuestrado en un futuro alzamiento, los militares a su mando debían capturar y matar a los líderes de la oposición, señores Guillermo Endara, Ricardo Arias Calderón y Guillermo Ford, aunque estos no tuvieran nada que ver con la insurrección.

Mientras tanto, los líderes de la oposición viajaron a diferentes países de América y Europa en busca de apoyo internacional para acabar con la dictadura que oprimía el país.

En una reunión de presidentes celebrada en San José, Costa Rica, la mayoría de los dignatarios asistentes recibieron, en reunión privada, a Guillermo Endara y a Ricardo Arias Calderón. Durante el encuentro, en su discurso, el presidente Óscar Arias de Costa Rica hizo referencia a las dictaduras que todavía quedaban en América Latina y entre las cuales, sin duda, se destacaba la de Panamá.

Al mismo tiempo, en Panamá, el gobierno arreciaba en su campaña contra el pueblo. El hostigamiento contra los opositores de la dictadura se acrecentó. Guillermo Endara fue arrestado y después interrogado respecto a sus viajes al extranjero.

El domingo 5 de noviembre de 1989, el programa *Todo por la Patria*, que se transmitía a todo Panamá por televisión, auspiciado por los militares, se vio interrumpido sorpresivamente con una declaración de la viuda de Giroldi, quien por 15 minutos le habló al pueblo y a los militares panameños informándoles de los muertos después de la revuelta del 3 de octubre. Esta transmisión causó gran revuelo en el país, particularmente entre los oficiales y clases de las fuerzas de defensa.

El 13 de noviembre, la Comisión de Derechos Humanos de la OEA presentó un informe a la Asamblea General Anual de ese organismo acusando al gobierno de Panamá, encabezado por el general Manuel Antonio Noriega, de continuo abuso de los derechos humanos en ese país, incluyendo asesinatos, torturas y represión política. El informe agregaba que el régimen encabezado por Noriega estaba "carente de legitimidad constitucional".

En la propia reunión de cancilleres, una ponencia de Costa Rica y Venezuela condenó al general Noriega por las violaciones a los derechos humanos del pueblo de Panamá y por no haber respetado los resultados de las elecciones del 7 de mayo de 1989, donde la oposición democrática había ganado ampliamente.

Eran tiempos de violencia, caóticos y difíciles. En ese momento, el pueblo panameño y nosotros nos preguntamos: ¿Hasta cuándo Noriega?

Paralelamente, en Estados Unidos, Noriega había sido acusado de estar vinculado al narcotráfico y al lavado de dinero. Para evadir esas acusaciones, los asesores del general Noriega le explicaron la doctrina Estrada, mediante la cual un jefe de estado no puede ser acusado en tribunales de otro país. Apoyándose en la Asamblea Nacional de Corregimientos, logró que esta lo eligiera como jefe de Estado de Panamá, el 15 de diciembre de 1989, y en su discurso de aceptación, Noriega pone a Panamá en estado de guerra contra Estados Unidos.

Con los ánimos enardecidos por Noriega, se produjeron varios incidentes que, unidos a otros factores, provocaron una confrontación con Estados Unidos. Un militar de las Fuerzas de Defensa de Panamá asesinó, el 16 de diciembre, al oficial norteamericano Roberto Paz, que estaba desarmado. Horas después, se produjo otro incidente en el cual un militar panameño resultó herido. Otro militar de Estados Unidos es golpeado por los militares panameños y su esposa amenazada.

Esa era la situación en la madrugada del 20 de diciembre de 1989 cuando las fuerzas norteamericanas invadieron a Panamá.

El presidente de Estados Unidos, George H. W. Bush (1989-1993) anunció al mundo el hecho internacional en Panamá, denominado *Operación Justa Causa*. Primero, el presidente relató los incidentes que provocaron la acción y explicó los cuatro objetivos principales de la misma:

> Salvaguardar las vidas de los militares y civiles que vivían en Panamá; restaurar el proceso democrático en ese país; preservar los acuerdos del Canal de Panamá y capturar al general Noriega, traerlo ante la justicia en Estados Uni-

dos para responder a los cargos de narcotráfico y lavado de dinero

En las primeras horas de la operación hubo alguna resistencia, pero rápidamente, los norteamericanos aseguraron las posiciones claves y desarticularon a las Fuerzas de Defensa, la mayoría de cuyos miembros se rindió y entregó las armas mientras otros huían.

La gran incógnita era que el general Noriega no había aparecido, ni al frente de sus tropas ni se había ido al extranjero. Una vez se escuchó un mensaje por el radio en el cual Noriega exhortaba a su tropa a seguir luchando.

En medio de esa confusión, comenzó el saqueo a tiendas y supermercados. Parte del pueblo se lanzó a las calles a ver lo que conseguían. Los daños y pérdidas alcanzaron cerca de 400 millones de dólares.

Las críticas a la "Operación Justa Causa" no se hicieron esperar. Varios presidentes hicieron públicas sus opiniones al respecto. Otros mandatarios, respaldaron la acción en contra de la dictadura establecida por Noriega.

La Organización de Estados Americanos (OEA) se reunió, en sesión de emergencia, para tratar el tema de lo sucedido en Panamá. Con el mismo objetivo, el Consejo de Seguridad de las Naciones Unidas fue convocado con carácter urgente.

Tan pronto conocimos la noticia de la invasión de Estados Unidos a Panamá, me dispuse a viajar, con un equipo técnico, al lugar de los hechos para poder cubrir los detalles de esa acción. Resultó que el aeropuerto de Ciudad Panamá estaba cerrado debido a la invasión. Se me ocurrió entonces volar a San José, Costa Rica y desde allí ir por carretera hasta Panamá.

Con un camarógrafo y su asistente, salí hacia San José donde contratamos a un chofer, con su auto, para que nos llevara hasta la frontera. El chofer regresó a San José mientras nosotros contratamos otro chofer, del lado de Panamá, para que nos llevara a la capital.

Al llegar a nuestro destino, buscamos la oficina de prensa de las fuerzas norteamericanas. Allí presentamos los documentos que nos acreditaban como periodistas extranjeros y conseguimos un permiso especial que nos permitía transitar por la ciudad realizando entrevistas y tomando imágenes de los daños causados por la invasión.

En una esquina, encontramos muchos pedazos de concreto tirados en la calle. Pregunté a algunas personas que andaban por ahí, qué había sido ese edificio ahora totalmente destruido y me informaron que había sido el cuartel general de Noriega. Al conocer esto, tomé tres pequeños fragmentos de concreto del edificio devastado; uno lo conservaría para mí; otro para mi amiga Mayín Correa, y el último para uno de mis primos, que estando en un viaje de turismo en Alemania, me trajo de recuerdo un fragmento de lo que fue el Muro de Berlín.

Comencé a entrevistar a personas del pueblo panameño para grabar sus opiniones respecto a la invasión norteamericana. A todos les hice la misma pregunta: ¿Qué opina usted respecto a esta invasión; fue intervención o liberación?

Conservo los videos de estas entrevistas, hechas entre el 22 y el 26 de diciembre de 1989, y algunas respuestas a mi pregunta fueron realmente interesantes. (Nota: la transcripción exacta de las entrevistas está tomada de los videos grabados de las mismas).

Una joven estudiante universitaria, por cierto muy bella, contestó: "Fue una intervención, pero al mismo tiempo fue una liberación".

Un señor me dijo:

Fue una liberación para el pueblo panameño. No intervención, porque imagínese usted, si el pueblo panameño no tiene armas, nunca nosotros íbamos a sacar a Noriega de este país. Nunca.

Una señora: "estoy muy agradecida por lo que han hecho, porque estábamos muy jodidos".

Otra señora:

Liberación. Estamos muy contentos con la misma, porque si no hubiera sido por ellos, nos hubieran matado sin motivo. Somos gente humilde que no nos metemos con ellos.

Otro señor: "Liberación completa". Otro nos dijo, "Liberación para todos". Otro, gritando expresó: "Si no es así, nunca nos hubiéramos liberado de este sinvergüenza".

Siguieron las personas del pueblo opinando sobre la intervención. Algunos me expresaron que "esta intervención debía haber sido hecha bastante antes".

De un grupo de tres jóvenes:

—Me siento un ciento por ciento liberado
—La juventud panameña opina que la intervención norteamericana en Panamá la consideramos una liberación más que nada. Una liberación de un régimen oprobioso que martirizó a este pueblo por 21 años.

—Como panameño y como indígena autóctono, me siento mancillado por mi nacionalismo y por otra parte sentí que había llegado una democracia, un nuevo amanecer y que nosotros los jóvenes, ahora más que nunca, lucharemos para que en Panamá no haya más dictadura.

La Sra. Maritza Pretto, empresaria:

Tuve realmente un sentimiento de emociones encontradas. A mí me resultó realmente increíble, al principio, lo que sucedió y ahora lentamente he venido a procesar este principio de que somos libres y podemos expresarnos y que no tenemos realmente nada que temer.

Indagando acerca de la situación en Panamá, previa a la intervención de Estados Unidos, obtuvimos varios relatos y la opinión de diferentes individuos.

Osvaldo Velázquez, presidente de la Comisión de Derechos Humanos de Panamá:

En resumen, no había ningún respeto. No había libertad de expresión. No había libertad de reunión. No se respetaba el debido proceso jurídico. No había separación de los poderes. Se torturaba, se allanaba, se mataba y todo ello quedaba impune. Cantidad de exiliados. Había una convulsión a tal grado, que ni la propiedad privada se respetaba en lo más mínimo. Uno vivía en esos momentos como si tuviera un pie en la cárcel o en el destierro. Uno no sabía cuándo iba a ser arrestado o cuándo uno iba a ser exiliado. En los últimos dos o tres años tenemos cantidades de reportes de casos de torturas físicas, de golpes, de picanas eléctricas, mantener a un individuo amarrado por horas; mantener a un individuo en un cuarto oscuro por horas y de pie, mantenerlo 24 y 48 horas sin darle agua; todo tipo de torturas, más la tortura psicológica. Tenemos también testimonios de vejaciones sexuales y algunas incluso enfrente de otros para atemorizarlos más. La tortura psicológica fue terrible en muchos casos.

Uno de los opositores a Noriega que entrevisté, me contó que en 1988 fue arrestado por las fuerzas de seguridad, llevado a un calabozo, interrogado, torturado y vejado. Después de varios días, sin ser llevado a juicio, lo llevaron esposado junto con otros presos, a un barco de mediano tamaño, donde fueron trasladados a la prisión en la Isla de Coiba, ubicada en la costa oeste de Panamá, en el Golfo de Chiriquí, a treinta millas de la costa. Cuando el barco llegó como a cien metros de la isla, todavía en agua profunda, los guardias agarraron a los presos, aún con las manos esposadas, los llevaron a cubierta y los tiraron al agua. Todos tuvieron que nadar como los perros, usando los pies y las manos, casi ahogándose hasta llegar a la arena donde fueron recogidos por los carceleros de la prisión que los llevaron, así mojados, a unas celdas donde permanecieron hasta que fueron liberados después de la invasión norteamericana. Me pidió que no revelara su nombre, ya que no quería que su familia se enterara de todo lo que sufrió, pues él no les había contado a ellos su terrible odisea. Esa isla de Coiba es hoy un parque nacional de recreo adonde acuden muchos turistas para bucear.

Alberto Conte, periodista opositor a Noriega, sobre la libertad de prensa nos dijo:

Igual que la libertad de cualquier otro tipo, no existía. La prensa desde mucho antes de la intromisión de Noriega en el plano político decisivo, fue víctima de los zarpazos que le dio lo que era el gobierno, que llamábamos nosotros el poder real que eran los militares, que fungían detrás del trono y establecieron pues, las medidas que dieron por resultado un apretar colectivo, perdón, un apretar poco a poco de la libertad de medios. Y a la llegada de Noriega esta situación se hace mucho menos disimulada y se dan entonces una serie de legislaciones especiales para coartar aun más la libertad de expresión. En septiembre 22 de 1989, simplemente llegaron a mi oficina un grupo bastante numeroso de personas del tenebroso G2 y se me comunicó arresto. Se me sacó esposado de mi oficina, delante de la mirada de muchos de mis aterrados empleados, de muchos visitantes a esa empresa y desaparecí simplemente por espacio de 94 días. Se me sometió a un interrogatorio en donde evidentemente se utilizaron medidas de tortura como era el uso de corrientazos eléctricos, como era el estar empapado en agua fría y luego puesto a la salida del ducto de máquinas de aire acondicionado de gran capacidad; mantenernos sin alimentos de nada; sin poder dormir; sin poder acostarse siquiera, despojado de ropas, viendo como torturaban a otros de los detenidos, como para después insistir que todas esas cosas serían hechas a mi persona.

Alberto Boyd, presidente del Consejo de la Empresa Privada:

La gran crisis aquí empezó aproximadamente hace dos años y medio. Cuando esta crisis tuvo su clímax fue con las declaraciones del coronel Díaz Herrera. Posterior a eso se fueron dando diferentes situaciones y eso trajo como producto el nacimiento de la Cruzada Civilista Nacional, que fue integrada por más de cien asociaciones de todos los tipos de aquí, de nuestro país y con el respaldo de la enorme mayoría del pueblo panameño. Posterior a esto usted vio que tuvimos la paralización de la banca, que duró aproximadamente dos meses.

Hubo un enorme escape de aquí, del país, de los fondos nacionales de la empresa privada, debido a la falta de confianza e inestabilidad política del gobierno. Empezó a sentirse entonces una enorme caída de la empresa privada, de la economía nacional, trayendo como consecuencia también un gran número de desempleados.

El Sr. Juan Demóstenes Medrano, presidente de la Cámara Panameña de la Construcción:

La industria de la construcción en los últimos tres años, desde 1987 para acá, tuvo un deterioro y la prueba de ello es la estadística de los permisos de construcción que en 1987 estuvieron en 134 millones de dólares, en 1988 en 30 millones de dólares, y en 1989 escasamente en 12 millones de dólares. El sector privado participaba en la industria de la construcción, sobre todo en la construcción de soluciones de viviendas en un orden de, más o menos, de 4500 viviendas anuales y en los dos últimos años el promedio no afilaba a más de 50 unidades de viviendas. La empleomanía que en 1987, en el sector de la construcción, estaba directamente de 25 mil plazas de trabajo, con el factor multiplicador indirectamente existían 15 mil plazas adicionales. A diciembre de 1989 la capacidad de ocupación en el sector de la construcción estaba en 1200 obreros o plazas.

Sorpresivamente, el día 24 de diciembre, el general Noriega pidió asilo en la Nunciatura Apostólica en Panamá. Por fin se despejaban muchas incógnitas y comenzaban los trámites diplomáticos para resolver el difícil problema de adónde podría ir el dictador depuesto.

Al conocer que su jefe se había asilado sin pelear, la mayoría de los militares panameños se entregaron y los integrantes de las milicias vendieron sus armas al ejército norteamericano, a 150 dólares cada una. La mayoría de las armas eran fusiles AK-47 de manufactura soviética. Fidel Castro había entregado a Noriega más de 70 mil armas de ese tipo, parte de las cuales fueron enviadas desde Panamá a la guerrilla comunista de El Salvador.

Doña Felicidad de Noriega y el resto de la familia del dictador se asilaron en la embajada cubana en Panamá. Otros militares acusados de varios crímenes, se asilaron en la embajada de Perú.

En Miami había cerca de 5 mil exiliados panameños. Deseosos de ayudar a sus compatriotas, reunieron alimentos y artículos de primera necesidad, que fueron enviados en vuelos especiales a Panamá.

El pueblo panameño se movilizó hacia la Nunciatura para vocearle consignas al dictador asilado. Más de 20 mil personas se congregaron en ese lugar. Seguimos a la multitud para filmar los sucesos del día y tomamos opiniones del público allí reunido.

Todos parecían opuestos a Noriega, a favor de la invasión norteamericana y así lo manifestaban. Entre las entrevistas que realizamos, incluyo algunas opiniones.

Un hombre: "Los curas tienen que soltar a Noriega para que nosotros, el pueblo, le demos el castigo que él se merece".

Una mujer:

Él debe ser procesado fuertemente, más que por el narcotráfico, por la cantidad de asesinatos que cometió aquí en Panamá y por el asesinato de Hugo Spadafora. Por eso tiene que ser realmente procesado, porque eso tiene que servirnos a todos nosotros como un ejemplo de que la justicia tarda pero llega. Que se le juzgue por lo que ha hecho, que siendo capaz de los crímenes, por las torturas cometidas, pero que se le juzgue como un hombre con todo su derecho, aunque él no nos haya permitido tener en un tiempo nuestra libertad y derechos.

Otro hombre: "Noriega y todos sus colaboradores necesitan que se les trate como son, asesinos".

Otra mujer:

Yo pienso que se juzgue, no como van a hacer los americanos, sino que se juzgue aquí en Panamá, a él y a todo el grupo de colaboradores, pues él tiene justicia pendiente con todos nosotros los panameños.

Otro hombre:

Lo primero que se debe hacer, es recordar que es un ser humano. Está acusado de crímenes gravísimos contra la humanidad y contra el pueblo panameño. Esperamos que debe tener el debido proceso en este juicio.

Otra mujer:

Él debe ser juzgado por los crímenes contra la juventud. Uno de los crímenes más grandes que este hombre ha cometido ha sido acabar con la juventud a través del tráfico de drogas. Una vez que él sea juzgado en Estados Unidos y si no es condenado, nosotros los panameños nos encargaremos de juzgarlo acá por los múltiples delitos que cometió en contra de nosotros, el pueblo panameño.

La incógnita de la situación del general Noriega se despejó cuando, sorpresivamente, en la noche del 3 de enero, se entregó voluntariamente a las fuerzas militares norteamericanas. Al parecer creía que el pueblo panameño que rodeaba la Nunciatura iba a entrar a sacarlo violentamente para ajusticiarlo.

Ese temor hizo que decidiera ser juzgado en Estados Unidos, donde existían garantías para su vida. Es de considerar también que a pesar de muchas gestiones, ningún país aceptaba recibirlo. Sus únicas opciones eran Cuba y Libia.

Esa misma noche del 3 de enero, el exgeneral Noriega fue trasladado a la ciudad de Miami, FL. Desde el aeropuerto, en una caravana de automóviles, lo llevaron al edificio de la Corte Federal, donde fue juzgado y condenado en 1992 a 17 años de prisión. Después de cumplir la condena, fue extraditado a Francia, donde cumplió un año más de prisión antes de ser devuelto a Panamá, y allí continúa en prisión.

Poco a poco se comenzó a despejar la situación. Los panameños regresaron a sus trabajos y la ciudad recobró algo de su ritmo normal. Destruido el cuartel general y disueltas las Fuerzas de Defensa, el nuevo gobierno procedió a reclutar y entrenar a una nueva fuerza pública para las labores de la policía, como dirigir el tránsito y proteger a la ciudadanía.

Con la huida del dictador, se efectuaron registros en sus varias oficinas y residencias. En las mismas se encontraron evidencias de las prácticas de brujería y satanismo, en las cuales el general Noriega creía ciegamente. Esa creencia de Noriega era conocida y había sido comentada hasta en artículos de periódicos.

El mismo tribunal electoral, que siguiendo las órdenes del general Noriega había anulado las elecciones del 7 de mayo, las cuales habían sido ganadas abrumadoramente por la oposición, ahora reconoce la victoria de la ADO[1] Civilista y proclama al licenciado Guillermo Endara, como presidente de Panamá; a Ricardo Arias Calderón, primer vicepresidente; y a Guillermo Ford, segundo vicepresidente.

Entrevistamos a los miembros del gobierno. El nuevo presidente, Guillermo Endara:

> El gobierno que presido, es la situación de un gobierno elegido por el pueblo. Fue elegido por una abrumadora mayoría del pueblo panameño el 7 de mayo pasado. Nosotros no hemos pedido intervención de país alguno, pero Estados Unidos de América lo hizo y debo decir que el pueblo panameño se encuentra satisfecho de haber salido de la dictadura. Nosotros, cuando asumimos el poder, lo asu-

---
1. Alianza Democrática de Oposición.

mimos en situación sumamente desventajosa. Un país intervenido, un país con una economía totalmente desecha.

Nosotros teníamos la alternativa de no asumir el poder y dejar el país a la intemperie política, sin institución nacional de ninguna clase, buscando que el poder de los ocupadores fueran los que dispusieran ellos al gobierno, pero nos tocó asumir el poder para respetar la voluntad popular.

En cumplimiento del Tratado Torrijos-Carter, el primero de enero de 1990, tomó posesión como Administrador del Canal, un panameño, el señor Fernando Manfredo, quien hasta entonces fungía como subadministrador.

Preguntamos a varias personas en Panamá si tenían fe en el futuro de su país, ahora con su nuevo gobierno. Aquí el testimonio de cuatro de ellas:

—Ellos tienen derecho a gobernar el país, ya que ellos fueron los que ganaron las elecciones.

—Yo creo que ellos pueden hacer un buen gobierno porque hay mucha gente competente, hay gente preparada, hay gente que piensa con otros signos, otros estilos de vida y otra manera de progreso de nuestro Panamá futuro.

—Para mí es lo mejor que hay, porque ellos fueron los que ganaron las elecciones.

—Como panameño que soy, yo pienso que el gobierno de Panamá es el mejor regalo para la nueva década.

Una estudiante:

Yo pienso que el actual gobierno fue elegido por el pueblo, hace meses atrás; fue lo que el pueblo eligió y lo principal es que nos responda, porque eso es lo que el pueblo quiere.

El presidente Endara es el que nosotros pusimos.

Estoy de acuerdo con el presidente Endara, que ganó limpiamente a Carlos Duque.

Apoyo el actual gobierno de Panamá, del presidente Endara, porque el pueblo decidió el 7 de mayo. Le dieron el 80% a favor de él, porque el pueblo quería cambios.

El Dr. Carlos López Guevara, destacado jurista panameño:

El pueblo panameño votó dos a uno a favor de la Alianza Democrática de Oposición. Incluso las fuerzas armadas, esa tropa, votó masivamente a favor de la oposición y eso quedó totalmente evidenciado. El tribunal electoral en un acto de arrepentimiento tardío, pero gentil, expidió una resolución recontando las actas y acreditó que los señores Endara, Arias Calderón y Ford habían ganado, como en efecto todo el público sabía y los observadores internacionales.

Sra. Angélica Gunard de la Cruzada Civilista:

Creo que en la historia de la República no había un gobierno con mayor apoyo popular que el que tenemos. Las elecciones del 7 de mayo, donde fue realmente la autodeterminación de este pueblo, demostró una abrumadora mayoría a la Unión Civilista que preside el ahora presidente Endara.

Jóvenes panameños expresaron su sentir de la situación:

—Yo pienso que el gobierno de nosotros es totalmente legítimo, porque ahí está la voz del pueblo y la voz del pueblo eligió, el 7 de mayo, a Guillermo Endara.

—El Gobierno de Reconstrucción fue totalmente elegido el 7 de mayo, abrumadoramente por las votaciones que se dieron, y este gobierno yo sé que echará para adelante buscando las soluciones que el pueblo necesita.

Monseñor Marcos McGrath, Arzobispo de Panamá, sobre las elecciones del 7 de mayo:

Fue un sondeo, muestreo muy interesante por un grupo de laicos de la arquidiócesis que se ofrecieron; nosotros dimos el apoyo y ellos lo realizaron en una forma técnica muy bien llevada. Ellos fueron como observadores que la ley permite en Panamá. Tomaron los datos de los resultados, aunque lo hicieron en forma medio secreta, porque el gobierno no gustaba del asunto. Llamaban por teléfonos privados; se pudo montar y al día siguiente de las elecciones, el muestreo daba a entender que la oposición había ganado con un 70% o más.

Guillermo Cochez, nuevo alcalde de Ciudad Panamá:

La alcaldía era como la caja menuda del PRD (Partido Revolucionario Democrático), el partido de gobierno. Aquí hacían cosas, como por ejemplo, todos los meses la mitad de la recaudación se le entregaba directamente a la Alcaldesa. Hacían notas de crédito que se cobraban en caja y eran totalmente falsas; era para sacar dinero de la alcaldía. Se otorgaban contratos violentando todo tipo de disposición municipal, que al igual que otros países requieren, por ejemplo, la aprobación del Consejo Municipal o de los Consejos de Síndicos. En fin, me encontré con una institución que era una especie de sucursal de la Fuerza Pública, de las fuerzas armadas, donde se recogían miles de dólares al mes para darle al tesorero municipal, para el general Noriega.

Acerca de la fe en el futuro del país, Guillermo Ford, segundo vicepresidente:

En primer lugar debo reiterar que el pueblo panameño es el mayor activo que tenemos nosotros para la reconstrucción nacional, por cuanto hemos notado el gran entusiasmo y la fe que tienen en el nuevo gobierno para reinvertir en Panamá. Hemos presentado, ante Estados Unidos de América, proyectos concretos para la creación de cerca de veinte mil puestos públicos, para la construcción de escuelas, carreteras y el mismo tipo de obras de urgencia. Por otra parte, hemos planteado la necesidad de la indemnización de los comercios que fueron afectados debido a la actividad militar y por otra parte al pillaje que sucedió en Panamá durante los días de la actividad militar. Eso conjuntamente entrevé un préstamo blando y una donación por parte de Estados Unidos, con lo cual nosotros pudiéramos fortalecer los comercios.

Alberto Boyd:

Como panameño primero, como empresario segundo, yo tengo una enorme confianza en mi país. Una enorme confianza en mis conciudadanos y una enorme confianza en nuestro gobierno; y nosotros sabemos que el sector privado tiene la gran capacidad para que en muy, muy corto tiempo, nosotros habremos restablecido la economía de nuestro país, aun por encima de lo que estaba antes de los sucesos.

Ingeniero Medrano:

En esta teoría que lleva el nuevo gobierno, se está notando el esfuerzo que está haciendo el equipo de trabajo, sobre todo en lo que es construcción, ya que tenemos que reconstruir nuestro país y en este sentido la cámara de la construcción se ha estado reuniendo con el ministro de Obras Públicas y el ministro de Hacienda, con miras a coordinar con nosotros, que estamos al frente de la cámara, para la reactivación de la industria de la construcción. La cuestión es poner a mover rápidamente trabajos y por consiguiente, poder dar una inyección a la economía nacional.

Una mujer: "Muchísima fe. O sea, si todos nos ponemos a trabajar creo que vamos a tener un buen futuro".
Otra mujer: "Sí, tengo fe, porque sin fe no podríamos vivir en este mundo y es lo que tenemos que tener, fe de que este país se va a arreglar".
Un hombre: "Creemos que Panamá volverá a ser el Panamá de aquel entonces; un Panamá con futuro y bonito".
Otro hombre: "Desde el 20 de diciembre para acá, tengo mucha esperanza en el futuro de nuestra nación".
Otro hombre: "Tengo fe de que viviremos con armonía y paz y sobre todo en democracia".

Terminada nuestra labor en Panamá, regresamos por el mismo camino por el que habíamos ido, vía Costa Rica. Aprovechando nuestra estancia allí, logramos entrevistar al presidente Óscar Arias, sobre lo recién sucedido en Panamá:

En primer lugar debemos recordar que lo que ha acontecido en Panamá, lo cual todos los latinoamericanos lamentamos que se haya tenido que recurrir al uso de la fuerza, para solventar la crisis que venía viviendo el pueblo panameño, hace ya muchos años. Sin embargo, ello se debe a que la democracia en Panamá no fue posible instaurarla, respetando la voluntad del pueblo panameño expresada el 7 de mayo y tenemos también que lamentar mucho el que la diplomacia haya fallado una vez más, en el ámbito de la Organización de Estados Americanos, para encontrar una salida negociada, diplomática, a la crisis panameña.

Si sabemos aprovechar el que se instale un nuevo gobierno, que fue elegido el 7 de mayo por casi el 70 % del pueblo panameño, para iniciar un nuevo camino hacia la democracia firme, fuerte, consolidada, participativa y podemos enterrar en Panamá los vicios de las últimas décadas. Yo creo que lo que ha acontecido en Panamá va a ayudar mucho el proceso de paz del resto de Centro América.

Más tarde, nos dimos un salto a San Salvador y pudimos entrevistar a su presidente, Sr. Alfredo Cristiani, para conocer su opinión sobre lo sucedido en Panamá:

Tenemos indicios de que el régimen de Noriega estaba apoyando al Movimiento Farabundo Martí también. En este sentido creo que el hallazgo de gran cantidad de armas de origen soviético en arsenales, que no son empleados por las fuerzas de defensa panameñas regularmente, pero que son las armas que hemos visto en el pasado, han sido traficadas para grupos irregulares armados; en este caso el FMLN[2] tiene como su arma principal esta arma soviética. En este sentido, yo creo que la salida de él es algo que va a beneficiar la democracia en la región, y que de por sí, la democracia es un factor estabilizador. El régimen de Noriega había formado un triángulo con Nicaragua y Cuba, con indicios de que por Panamá venía también armamento hacia El Salvador. Ya con la salida de él estaremos más tranquilos que Panamá no será una fuente para desestabilizar a El Salvador.

Habíamos realizado un trabajo profundo y productivo para nuestro empeño de informar al mundo las realidades políticas en los diferentes países de América Latina. Pudimos cubrir los hechos antes y después de la invasión de Estados Unidos a Panamá, que terminó con la dictadura del general Noriega. Entrevistamos a muchas personas conocedoras de la situación, que denunciaron los abusos cometidos y las violaciones a los derechos humanos durante su régimen dictatorial. Teníamos suficiente material de apoyo y evidencia para nuestro proyecto.

Regresamos a Santo Domingo, República Dominicana y procedimos a preparar el programa especial para televisión sobre todo lo que habíamos grabado en nuestro viaje. Lo titulamos *Operación Justa Causa: ¿Fue justa?* Hubo mucho interés en todas las emisoras de América Latina, por adquirir y presentar ese especial de gran actualidad.

---

2. Farabundo Martí de Liberación Nacional

Poco tiempo después, por nuestra ayuda en la causa de la libertad del pueblo panameño, la Cruzada Civilista Nacional, por conducto del Señor Manuel Burgos, nos entregó una placa que dice: "La Cruzada Civilista Nacional de Panamá, otorga la siguiente distinción a Eduardo Palmer en reconocimiento en pro de la causa democratizadora panameña". Me sentí muy agradecido y satisfecho.

Al momento de escribir estas memorias de los eventos político-noticiosos que cubrí en mi carrera como periodista y productor de televisión, ya han pasado 25 años de la invasión de Panamá, país que a partir de entonces, ha logrado un gran desarrollo y progreso económico para sus ciudadanos.

Me siento contento de haber cooperado, con mis especiales de televisión sobre la crisis en Panamá, para que en ese momento, a finales de los años 80, se conocieran en América Latina y el mundo, los vínculos con el narcotráfico, la corrupción y violencia, que existieron en ese país bajo la dictadura del general Manuel Antonio Noriega.

CAPÍTULO 7
PLANETA 3

Desde joven he sido un amante de la libertad y del sistema democrático. Por eso, cuando advertí en Cuba que Fidel Castro estaba llevando el país hacia el comunismo, me incorporé a la lucha clandestina contra su gobierno, a pesar de que en esos momentos era funcionario público con cierto rango dentro de la organización del tránsito terrestre. Los detalles de esa actividad están descritos en el primer capítulo de este libro.

A principios de los años 80 estaba en Santo Domingo produciendo con frecuencia especiales de televisión de eventos políticos latinoamericanos, como las guerras civiles de El Salvador, Nicaragua y Guatemala. También, sobre la invasión de Estados Unidos a Granada, Panamá y otros acontecimientos políticos en este hemisferio. Estos especiales se vendían a las estaciones de televisión de América Latina.

El día 31 de diciembre del año 1983, a las cuatro de la tarde, manejando un auto por la Avenida 42 (Le Jeune Rd.) de Coral Gables en Miami, y esperando la luz verde en el semáforo para continuar, se me ocurrió que tal vez sería posible producir un programa de televisión, quincenal o mensual, de una hora de duración, sobre estos sucesos políticos hemisféricos, que con tanta frecuencia cubríamos.

A través de ese programa, cada vez que se pudiera tratar el tema de Cuba, daríamos a conocer a las audiencias de América Latina la realidad de la brutal tiranía comunista, que desde 1959 gobierna con mano de hierro al pueblo cubano. Desde que Fidel Castro tomó el poder, comenzó a implementar medidas socialistas que cambiaron el destino de Cuba. Eliminó todos los derechos humanos que corresponden a las personas; acabó con la libertad de prensa; todos los medios informativos pasaron al estado (prensa escrita, televisión, radio y revistas); suprimió el derecho de la propiedad privada. Casi de inmediato, el Gobierno Revolucionario nacionalizó las empresas extranjeras y firmó una ley de Reforma Agraria. Intervino las pequeñas empresas y comercios, quedando a partir de ese momento todos los bienes de producción y servicios en manos estatales.

Entre otras disposiciones establecidas, los obreros solamente pueden afiliarse al sindicato comunista, a tal extremo que cuando Lech Walesa, un activista a favor de los derechos humanos en Polonia, organizó en el año 1980 el primer sindicato independiente en un país que pertenecía a la Unión Soviética, algunos obreros cubanos quisieron imitarlo y rápidamente fueron arrestados. Varios de ellos resultaron fusilados y otros condenados a penas de entre 20 y 30 años de prisión.

El nuevo sistema socialista establecido en Cuba también abolió el derecho de los ciudadanos cubanos a entrar o salir libremente del país. Para ello hacía falta un permiso especial emitido por el gobierno. Ese permiso lo otorgaban mediante una tarjeta blanca, muy difícil de conseguir si no pertenecías a la burocracia de la dictadura. Castro confiscó todas las empresas privadas y en los primeros años de su gobierno fusiló a miles de cubanos, imponiendo un régimen de terror.

Un solo partido político fue permitido, el Partido Comunista. Agentes de la KGB Soviética llegaron a Cuba para entrenar a los revolucionarios cubanos en terrorismo, espionaje y subversión, con el propósito de infiltrarlos después en países latinoamericanos y propagar el comunismo.

Un exagente de inteligencia cubano que había desertado, me contó que desde 1961 comenzó su entrenamiento. Le explicaron que después de entrenado, su misión en el extranjero era infiltrar medios de comunicación, universidades e iglesias, para llevar un mensaje marxista a estudiantes, público en general y religiosos.

En 1976 el gobierno de Cuba adoptó una nueva constitución que reconocía el carácter socialista del régimen, promoviendo un mayor acercamiento con la Unión Soviética y el comunismo. El adoctrinamiento en las escuelas y los cambios en la política social se hicieron cada vez más radicales. La población solo tiene acceso a las noticias y programas controlados por el gobierno. Existe un hermetismo total respecto a lo que en realidad ocurre en Cuba, no solamente en la Isla; en ningún lugar se conocen las injusticias y los abusos cometidos por los hermanos Castro. Los opositores al gobierno son fusilados o sentenciados a largas condenas.

Para compensar ese forzado silencio y dar a conocer al mundo la crueldad de la dictadura que oprime al pueblo cubano, pensé que con un programa frecuente de televisión, se podría divulgar esa terrible situación y debatir los conflictos que afectan a otros países del hemisferio. De regreso a Santo Domingo, a principio de 1984, comencé a hacer los cálculos para saber si era factible económicamente llevar a cabo la producción de un programa fijo para América Latina, que tratara seriamente los problemas de la región. Una vez hechos los números, procedí a visitar varios países que me habían comprado los especiales de televisión que anteriormente había producido. De esa forma, podía sondear su posible interés en el nuevo programa que tenía en mente. Las respuestas que me dieron los directores de las emisoras de TV, fueron alentadoras, pero me pidieron que preparara uno o dos pilotos y se los llevara. Entonces ellos decidirían.

Mis facilidades de producción en Santo Domingo, República Dominicana, eran completas. Nosotros teníamos equipos y personal técnico bien preparado, ya que constantemente producíamos comerciales para cine y televisión, además, documentales y programas especiales. También producíamos un noticiario semanal en 35 mm para los cines y tres ediciones diarias de un noticiario para Rahintel Televisión, Canal 7 de Santo Domingo.

El primer paso para producir los programas piloto era darle un nombre a la serie, que tuviera impacto. Localicé a Camilo Carrau, en aquel entonces director creativo de Publicidad Retho; le expliqué el propósito del programa y llegamos a un acuerdo económico. Pocos días después me visitó y me dijo: Ya tengo el nombre del programa; se llamará *Planeta 3*. De entrada me gustó el nombre y le pregunté por qué lo escogió. Me contestó: "es que la Tierra es el tercer planeta de nuestro sistema solar y este programa va a ser un encuentro con las realidades de nuestro mundo".

Aprobado el nombre, le pedí a Carrau que preparara el guión (story board) para la presentación, intermedio de comercial (bumpers) y despedida del programa.

Como siguiente paso, le encargué a Manuel Tejada, destacado músico dominicano que compusiera la música (tema musical) para *Planeta 3*.

El arquitecto Luis Victoria fue el escogido para construir el escenario (set) que se usaría en las grabaciones y le especifiqué que quería algo impresionante y elegante, para mostrar a las emisoras de televisión de América Latina que se trataba de un programa de calidad, como lo concebí y así se produjo.

Conociendo que en Venezuela había mejores facilidades técnicas que en Santo Domingo, hablé con el Dr. José Rafael Revenga, vice presidente de Venevisión y le pedí que nos ayudara en conseguir un buen centro de efectos especiales en Caracas para producir allí la presentación, despedida y *bumpers* de *Planeta 3*. A través de la esposa del Dr. Revenga, logramos un acuerdo con un centro establecido en Caracas, con los más avanzados equipos. Hacia Venezuela partimos Camilo Carrau y yo. Estuvimos una semana en Caracas y después, con todo el trabajo terminado, regresamos a Santo Domingo.

Finalizado los primeros pasos, hablamos con el Sr. Johnny Daujare, dueño de Cinevisión, un buen estudio de grabaciones de video; llegamos a un acuerdo y se instaló allí el *set* de *Planeta 3*.

Ya listos para grabar los programas piloto, invitamos varias personalidades extranjeras a participar como panelistas en los dos primeros programas. Los temas a debatir fueron: "La Deuda Externa Latinoamericana" y "El Tráfico y Consumo de Drogas".

El moderador fue el periodista dominicano Salvador Pitaluga. Los panelistas extranjeros fueron la Sra. Haideé Castillo, doctora en Ciencias Económicas y diputada al Congreso de Venezuela; el Dr. Rodolfo Cerdas, doctor en Ciencias Sociales, comentarista de noticias de Canal 2 de San José, Costa Rica. Como panelista dominicano, el Sr. Eduardo Fernández, exgobernador del Banco Central de su país, quien participó en el programa sobre la deuda externa.

Se incluyeron en el primer programa: una entrevista con el Sr. Jacques de Larosiere, director del Fondo Monetario Internacional y otra con Sr. Óscar Echevarría, economista cubano radicado en Venezuela. Para el segundo programa, sobre las drogas, logramos una entrevista con el Dr. Rodrigo Lara Bonilla, ministro de Justicia de Colombia.

A los invitados extranjeros se les enviaron los boletos de avión y cubrimos sus gastos de estancia en Santo Domingo. Jamás en los once años de *Planeta 3* pagamos honorarios a los panelistas; todos accedían a participar honoríficamente en las grabaciones. Los motivé diciéndoles que *Planeta 3* buscaba encontrar soluciones a los múltiples problemas que afectaban a nuestra región.

Con los videos de los dos programas piloto, viajé a Centro y Sur América. Visité las emisoras que habían mostrado interés y conseguí que siete de ellas firmaran contrato comprando *Planeta 3*. El primero fue el canal 4 de San Salvador, propiedad del Sr. Boris Ezerski. El precio variaba por país, de acuerdo con el desarrollo económico del mismo. Los de Centro América pagaron menos que los de Sur América.

Satisfechos de contar, inicialmente, con siete emisoras que compraron *Planeta 3*, procedimos entonces con la grabación de los siguientes programas. Los moderadores de los primeros siete programas fueron Salvador Pitaluga, periodista dominicano, cuatro programas; el Dr. Héctor Pérez Reyes, dos programas; el sociólogo Teófilo Barreiro, un programa.

Cuando concebí la producción de *Planeta 3* tuve en cuenta que este proyecto incluía un alto costo de pasajes en avión y estancia en hoteles de los panelistas invitados. Como nuestra empresa *Video Films C x A* era productora de comerciales para televisión y cine, previamente llegué a un acuerdo de intercambio de publicidad con líneas aéreas, hoteles y restaurantes. Armando Álvarez, gerente del Hotel Lina, fue el primero en aceptar nuestra propuesta. Hacíamos anuncios y documentales de sus facilidades y ellos nos proveían las habitaciones para los panelistas extranjeros. En esa misma forma logramos intercambios con líneas aéreas y con restaurantes como El Rincón Argentino del amigo Juan Abrales.

En lugar de venderle el programa a un canal local de televisión, compramos un espacio de una hora semanal en el canal 7, Rahintel. De esa forma podíamos colocar los anuncios de los negocios con los que hacíamos el intercambio de publicidad. El beneficio era recíproco, les ofrecíamos la propaganda televisiva sin costo, a cambio de los servicios de hospedaje y comida que necesitábamos para los panelistas.

Un amigo cubano exiliado en Santo Domingo, el empresario Sr. Marcelino San Miguel, nos animó a echar adelante el programa *Planeta 3*. Él era dueño de una firma que vendía tractores, ubicada en la calle San Martín y avenida Máximo Gómez. Nos ofreció, y efectivamente colocó, un anuncio de los tractores en el programa. Igual hizo mi compadre Vinicio Hernández, propietario de la imprenta Tele 3, que también colocó un anuncio en *Planeta 3*. Fue una gran ayuda al principio. Otros empresarios cubano-dominicanos decidieron colocar anuncios en *Planeta 3* para apoyar nuestro proyecto.

Asistí a una reunión de la NAPTE (National Association of Television and Production Executives) en Las Vegas, Nevada, para hacer contactos con dueños y directores de emisoras de televisión de este hemisferio. Me explicaron que para penetrar el cono sur, el moderador no debía ser caribeño, ni tener acento regional y que los únicos países donde había posibles periodistas que cumplían ese requisito eran Colombia y Perú.

En el octavo programa, fungí yo como moderador. Entre los panelistas que participaron en el debate estuvo un joven periodista peruano del Canal 5 de Lima. Dicho joven resultó ser brillante en su participación y además tenía estampa de artista de cine. Después de grabado el programa, en un aparte, le propuse ser el moderador regular del programa y le dije cuánto podía pagarle en dólares, en efectivo, por cada programa. Él aceptó enseguida y a partir de ese momento fue el moderador de *Planeta 3* por seis años, desde 1984 hasta 1990. Su nombre, Jaime Bayly. Nunca firmamos contrato, fue un acuerdo verbal que ambos respetamos. Mi oferta le vino muy bien a Jaime, ya que él había tenido un problema con Alan García, entonces candidato a la presidencia de Perú. Cuando García fue elegido y llegó a dirigir el gobierno, dio instrucciones para que ningún canal de TV peruano, emisora de radio o periódico lo contratara, o sea, lo puso en una lista negra. Durante esos años *Planeta 3* era el principal sustento de Jaime Bayly.

Al cabo de seis años como moderador, Bayly me informó que se iba a España a tratar de abrirse paso en la televisión de ese país, pero que me dejaba en su lugar a un buen amigo suyo, joven intelectual que sería un gran moderador para *Planeta 3*. Ese joven era el escritor Álvaro Vargas Llosa, quien fue un magnífico moderador desde 1990 hasta 1995. En mayo de ese año 1995, el periodista cubano Roberto Rodríguez Tejera ocupó el puesto de moderador en los últimos programas de *Planeta 3*.

Un detalle importante, que gustaba mucho, es que al principio de cada programa se presentaba un pequeño reportaje del tema a tratar, con escenas de ambiente y opiniones de algunos expertos, que con anterioridad habíamos entrevistado.

A las emisoras de América Latina que compraban el programa, les cobrábamos en dólares. Ese ingreso nos cubría los tres viajes que hacíamos al año por dichos países. Un viaje cubría desde Guatemala hasta Panamá. El segundo incluía Venezuela, Perú, Colombia y Ecuador. El tercero era por los países del cono sur.

En estos viajes grabábamos escenas de ambiente de cada país y entrevistamos a personalidades sobre los temas de actualidad que trataríamos en futuros programas de *Planeta 3*. Como es lógico siempre visitamos a los gerentes de las emisoras que incluían nuestro programa para conocer sus opiniones, sugerencias y cualquier observación que quisieran hacer. Los gerentes nos decían que a sus audiencias les encantaba cuando había fuertes debates y frecuentemente les pedían que repitieran el programa. También nos informaron que los programas de temas económicos eran los que menos gustaban. Varios directores de emisoras insistieron que el programa debía ser semanal, no quincenal, y así se hizo de ese momento en adelante. Algunas emisoras remitían el pago por los programas directamente a nuestra cuenta de banco. Otras nos pagaban cuando los visitamos personalmente.

Para economizar en gastos de producción, aprovechar al máximo los pasajes aéreos y estancia en hoteles, implementamos un sistema muy eficiente. Cada dos meses grabábamos diez programas en un fin de semana; cada panelista invitado participaba en dos o tres programas. Todo se organizaba con anterioridad para que funcionara a la perfección.

Los panelistas internacionales llegaban el jueves por la tarde; el viernes se grababan cuatro programas y seis el sábado, en dos sesiones (tres programas por la mañana, y tres por la tarde). Entre ambas sesiones había tiempo para almorzar. Muchos de los panelistas viajaban con sus esposas y para ellas teníamos un chofer que las sacaba a pasear por Santo Domingo, acompañadas por una ejecutiva de nuestra empresa, que también les ofrecía llevarlas de compra en la ciudad. Por la noche se invitaba a todos los visitantes a una cena formal y siempre teníamos un guitarrista que amenizaba la reunión. El domingo los panelistas regresaban a sus países.

Al moderador se le entregaba en cada grabación la lista de los diez temas que se grabarían en su próxima visita. En esa forma, él se podía ilustrar estudiando todo lo relativo a los mismos. También le dábamos la lista con los nombres de los panelistas que serían invitados a participar en esa próxima grabación. Así, él podía enterarse de los antecedentes, carrera política o profesional de dichos futuros panelistas.

Conociendo los temas que trataríamos en futuras grabaciones, al viajar por América Latina, entrevistando a gobernantes y personalidades, les hacíamos las preguntas relativas a esos temas. Recuerdo que en un programa presentamos en el reportaje inicial la opinión de cuatro presidentes.

En esos días, el expreso político cubano Armando Valladares, quien fue después embajador de Estados Unidos ante la Comisión de Derechos Humanos de la ONU, publicó su libro *Contra toda esperanza*, que fue un gran éxito de venta. En el libro Valladares describe los horrores del presidio político cubano.

Hablé con Valladares y le dije que en mi próximo viaje por América Latina, para el programa *Planeta 3*, tenía concertadas varias entrevistas con presidentes y que me parecía oportuno regalarle a cada uno un ejemplar de su libro, para que supieran la terrible realidad del proceso cubano, las atrocidades que se llevaban a cabo, con los presos políticos, bajo la dictadura de Castro. A Valladares le agradó la idea; compré varios ejemplares de *Contra toda esperanza* y él gentilmente le escribió una fina dedicatoria a cada presidente. Con los libros, ya dedicados por Valladares, salí de viaje y felizmente pude entregarles a varios presidentes ese excelente libro que tan bien describe la tragedia cubana.

Recuerdo que en un programa estaban participando el Sr. Narciso Isa Conde, presidente del Partido Comunista Dominicano y que otro panelista fue el Sr. Jorge Mas Canosa, presidente de la Fundación Nacional Cubano Americana. El primero en hablar fue el Sr. Isa Conde quien expuso que en su opinión, en Cuba había plena libertad y democracia. Se deshizo elogiando el gobierno de Fidel Castro. Cuando le tocó el turno para opinar al Sr. Jorge Mas Canosa, que dijo: "Yo sé que estoy en los estudios del programa *Planeta 3*, pero no tengo ni idea en qué planeta es que vive el Sr. Isa Conde, cuando habla tantas falsedades sobre el gobierno tiránico de Fidel Castro". A continuación explicó la realidad de la situación en Cuba.

Una vez invité a un miembro del partido comunista a venir al programa; me dijo que aceptaba si no era para debatir con Carlos Alberto Montaner. Le contesté que la persona invitada a participar con él, era el exembajador colombiano en Noruega. Le pareció bien y aceptó venir como panelista a *Planeta 3*. El otro panelista que traje, de Colombia, fue José Pardo Llada, dinámico y popular periodista cubano, que se había hecho ciudadano colombiano a principio de los años sesenta; luego se envolvió en política, resultó elegido congresista y por último fue embajador de Colombia en Noruega.

El periodista dominicano, Álvaro Arvelo, Armando Valladares (autor del libro *Contra toda esperanza*) y Eduardo A. Palmer.

Entregando a Vinicio Cerezo, presidente de Guatemala, el libro de Valladares

Entregando a Óscar Arias, presidente de Costa Rica, el libro de Valladares

Con el presidente Alfredo Cristiani de El Salvador.

Con el presidente Rodrigo Borja, de Ecuador.

Con el presidente Hipólito Mejía, de República Dominicana

Planeta 3: Panelistas: José Pardo Llada, Colombia; Eduardo Palmer, Cuba; y José Espaillat, República Dominicana. Moderador: Jaime Bayly.

Planeta 3, Programa sobre la educación. Panelistas: Carlos Alberto Montaner, cubano y Milagros Ortiz Bosh, dominicana. Moderador: Álvaro Vargas Llosa.

El destacado escritor y periodista cubano, Carlos Alberto Montaner, participó en muchos programas de *Planeta 3*. Por su inteligencia, sentido del humor y múltiples conocimientos resultó ser un gran panelista, que gustaba a nuestras audiencias en diferentes países. Años después, me dijo que a través de sus participaciones en el programa, conoció a muchas personalidades de América Latina.

De Costa Rica recuerdo algunas personalidades que por varios años asistieron como panelistas a *Planeta 3*. Entre ellos, Eduardo Ulibarri, quien fue director del periódico *La Nación*; el Dr. Abel Pacheco, médico psiquiatra y periodista, más tarde presidente de Costa Rica; el Dr. Rodolfo Cerdas, sociólogo y el Dr. Jaime Dahremblum, quien después fue embajador de su país en Washington.

El padre de Rodolfo Cerdas fue uno de los fundadores del partido comunista de Costa Rica. Cuando su hijo Rodolfo terminó su carrera de abogado, lo envió a hacer un post grado en la Unión Soviética, donde pasó varios años y aprendió cómo se vive en un país comunista. Después fue a Cuba a participar en un congreso de juventudes socialistas. Al regresar a Costa Rica, habiendo conocido la realidad del comunismo, le dijo a su padre, "qué gran daño le hemos hecho a nuestro país propagando el comunismo". A partir de esa experiencia, se convirtió en un paladín de la democracia. Fue consultor del Instituto Internacional Pro Democracia y del Instituto Interamericano de Derechos Humanos. También fue profesor invitado a la Universidad de Oxford en Inglaterra.

Siempre buscamos personas de América Latina y el Caribe que conocieran el tema a debatir, con distintos puntos de vista, para que el programa fuera interesante. En cada programa participaban tres panelistas; uno por Sur América, uno por

Centro América y uno por América del Norte o el Caribe. Entre los participantes tuvimos políticos, militares, periodistas, médicos, profesores, economistas y toda una gama de destacadas personalidades, que con el tiempo se convirtieron en asiduos panelistas.

De El Salvador tuvimos varios políticos que asistieron como panelistas. Uno de ellos, Armando Calderón Sol, quien entonces era alcalde de San Salvador, pocos años después fue presidente de la República.

De Honduras tuvimos a la que entonces era vicepresidente de la República, Guadalupe Jerezano, que participó en el programa *La Mujer en la Política de América Latina*. También trajimos a Jacobo Goldstein, reconocido periodista, corresponsal de impecable trayectoria; a Carlos Flores, entonces líder de un partido de oposición, que en las próximas elecciones de su país fue electo a la presidencia de la República.

San José, Costa Rica. Eduardo Palmer con el presidente Abel Pacheco.

El comandante Tomás Borge, de Nicaragua, debatió con Ricardo Bofill, del Comité de Derechos Humanos de Cuba en el Exilio el tema "La Medicina en Cuba". El otro panelista en ese programa fue un médico cirujano cubano, que poco tiempo antes se había asilado en Santo Domingo.

De Venezuela, el distinguido periodista Leopoldo Castillo estuvo como panelista en el programa. Años más tarde, Castillo fue el moderador del programa *Aló Ciudadano*, que se transmitía por Globovisión desde Caracas. Teodoro Petkoff, conocido político, exguerrilleto, periodista y economista; Hilarión Cardozo, popular columnista venezolano, destacado líder, figura estelar del partido COPEI; y Abelardo Raidi, popular columnista y locutor. Ellos fueron panelistas en *Planeta 3*.

De Colombia, la entonces congresista Yolanda Pulecio participó varias veces. El escritor Plinio Apuleyo Mendoza fue panelista en algunos programas, tales como: "La posición política de los intelectuales latinoamericanos" y "La guerra de guerrillas" junto a Carlos Franqui, periodista cubano, director de *Radio Rebelde* en la Sierra Maestra y después del periódico **Revolución**, quien posteriormente salió al exilio.

También tuvimos el honor de contar con la participación de Pedro Sevcec, periodista uruguayo, presentador y reportero de noticias de Estados Unidos y América Latina. De España vino el periodista Santiago Aroca. A un programa sobre la situación política en Panamá, invitamos a una valiente periodista panameña, Mayín Correa, quien había tenido que salir de su país porque la amenazaron de muerte debido a sus denuncias dirigidas a la dictadura del general Noriega.

Quiero mencionar a algunos compatriotas (cubanos exiliados), que además de Carlos Alberto Montaner y Carlos

Franqui, también fueron panelistas: Roberto Martín Pérez, Mario Rivadulla, Cecilio Vázquez, Gina Montaner, Jorge Salazar Carrillo y muchos otros. Recuerdo y rindo tributo a Luis Aguilar León, Jorge Mas Canosa y Huber Matos.

Es imposible mencionar a todos los panelistas o entrevitados, que procedían de casi todos los confines de América Latina y Europa.

Además de los programas regulares que se transmitían cada semana, producíamos varios especiales al año dedicado a alguna crisis que afectaba a una región o país de América Latina. También hicimos algunos documentales sobre Cuba, para divulgar la terrible situación en que vive el pueblo cubano. Esos documentales se enviaban a todas las emisoras que exhibían *Planeta 3*, para dar a conocer al mundo la escasez, el hambre, los abusos y violaciones a los derechos humanos que existen en Cuba bajo la tiranía de los Castro. Como cubano, mi misión ha sido luchar por la causa de la libertad en Cuba y la democracia en los países de América Latina, siempre que he tenido la oportunidad de hacerlo.

En 1990 fui invitado como periodista al "Congreso por la Libertad", convocado por Mario Vargas Llosa, que tuvo lugar en Lima, Perú. Allí asistieron destacados intelectuales latinoamericanos y europeos, entre ellos estaba Jean Francois Revel, conocido escritor francés, que pude entrevistar.

Todos los años grabábamos un programa relacionado con el tiempo que llevaba Fidel Castro en el poder en Cuba y los cambios implantados durante su gobierno totalitario. El programa número 30 de *Planeta 3* fue "Fidel Castro: 25 años en el poder". El moderador fue Jaime Bayly; los panelistas: por el Caribe, el acreditado escritor cubano exiliado, Carlos Alberto Montaner; por Sur América, Olga Behar, periodista y escritora colombiana, cuyo esposo fue comandante de la guerrilla del M19; y por Centro América, Eduardo Ulibarri, director del diario *La Nación* de Costa Rica. El debate fue muy interesante.

A principios del año 1992, después de la caída de la Unión Soviética, tuvo lugar en Moscú una conferencia sobre el tema "Rusia y Cuba, del Totalitarismo a la Democracia". Este evento fue auspiciado por el periódico ruso Komsomolskaya Pravda, y organizado por la Sra. Laura Gonsález, presidente del Comité Italiano Pro Derechos Humanos en Cuba. La Sra. Gonsález tenía grandes conexiones con los sindicatos obreros de Italia y magníficos contactos con el nuevo gobierno ruso dirigido por Boris Yeltsin, primer presidente de la Federación de Rusia, elegido democráticamente, que gobernó desde 1991 hasta 1999.

Con Mario Vargas Llosa en Lima, durante el Congreso por la Libertad, convocado por él.

En Lima, con el escritor Jean Francois Revel,
durante el Congreso por la Libertad.

Por los cubanos del exilio fueron a Moscú, Ricardo Bofill, presidente del Comité de Derechos Humanos en Cuba, rama del exilio. También asistieron Carlos Alberto Montaner, Ariel Hidalgo, expreso político cubano; Carlos Franqui; Ileana de la Guardia, hija del comandante Antonio de la Guardia, quien fue fusilado con el comandante Arnaldo Ochoa; David Moya, expreso político; Raquel Regalado, periodista de una emisora de radio en Miami; y varias personas más que ahora no recuerdo sus nombres. Desde el mismo Moscú, participó Álvaro Alba, el líder de los estudiantes cubanos anti-Castro radicados en esa ciudad.

Por la parte italiana participó Laura Gonsález, organizadora del evento, y por los rusos, entre otros: Irina Sorina, experta rusa en asuntos cubanos; Eugenio Bai, vicepresidente del Comité Ruso Pro Derechos Humanos en Cuba; y Alexei Zurkov, congresista ruso.

Cuando llegué a Moscú con mi personal y equipos para cubrir la conferencia, me puse en contacto con un periodista de Izvestia (periódico ruso), a quien conocía porque habíamos coincidido anteriormente en conferencias internacionales sobre Cuba celebradas en Roma y en Madrid. Le pedí, por favor, que me visitara en el hotel, lo cual hizo horas después. Le expliqué que yo tenía un contrato para realizar un documental sobre el principio y fin del comunismo y que para ello necesitaba material de archivo ruso, de la época del Zar y después la toma del palacio de invierno en 1917, más todo lo relacionado con la caída del comunismo en los países del bloque soviético en 1989-1990. Le pedí que me consiguiera una cita con el director de la emisora oficial de televisión, para realizar la gestión de obtener los materiales que necesitaba. Mi amigo, el periodista, me dijo que nunca me iban a dar la cita debido a cuestiones burocráticas. Me preguntó con cuánto dinero contaba yo para esa gestión. Le contesté la verdad, que tenía US $1,500 dólares. Me pidió la lista detallada de los materiales de archivo que me hacían falta, se comprometió a buscarlos y le di los $1,500 dólares.

Tres días después me visitó en el hotel y me entregó varios videos con las imágenes solicitadas, y como regalo, un documental de una hora titulado *Un día en la vida de Boris Yeltsin*. Pienso que mi amigo se puso de acuerdo con el encargado del archivo de la emisora oficial, dándole dólares por debajo de la mesa, para conseguirme todas las imágenes que necesitaba; tal vez se dividieron el dinero para lograr el objetivo. El resultado fue que a mi regreso a Santo Domingo pude completar el documental y cumplir mi contrato.

Para mi sorpresa, la conferencia *Rusia y Cuba, del Totalitarismo a la Democracia*, se llevó a cabo en el edificio del congreso ruso llamado "La Casa Blanca". Me pareció increíble que cubanos demócratas antiCastro pudieran hablar en ese recinto oficial ruso, contra Fidel Castro y su tiranía, y contra el comunismo.

Durante la conferencia se me ocurrió utilizar la oportunidad para grabar en Moscú un programa de mi serie *Planeta 3*, aprovechando la presencia de tantas personalidades. Hablando con Eugenio Bai, mi amigo periodista de Izvestia, conseguí que me facilitaran el salón de actos de ese periódico para grabar el programa. Participaron como panelistas Carlos Franqui, Laura Gonsález, y Eugenio Bai. Yo actué como moderador, y se pudo grabar felizmente el programa, que después de editado en Santo Domingo, fue distribuido a las emisoras de los 16 países latinoamericanos que semanalmente exhibían *Planeta 3*. Recibí muy buenos comentarios de ese especial grabado en Moscú.

Jamás pensé que un cubano exiliado demócrata, anti Castro y anti comunista pudiera grabar en el salón de actos del periódico ruso Izvestia, en Moscú, un programa especial de televisión en contra de Fidel Castro.

Yo había visitado Moscú como turista en 1989, antes de la caída de la Unión Soviética, y sabía que la comida rusa era malísima y escasa. En este viaje llevé una maleta llena de quesos, lascas de jamón y de chorizos, galleticas, y algunos otros comestibles para no pasar hambre.

Resultó simpático que muchos de los cubanos participantes en la conferencia tocaban la puerta de mi habitación por la noche buscando algo de comer; me decían: "Palmer, ¿tienes algo que nos alivie el hambre que tenemos?". Como es lógico, compartí lo que tenía y les suministré muchos bocaditos.

El éxito de *Planeta 3* se debió a varios motivos. Sin importar cuál era el tema a tratar, siempre invitamos personalidades expertas en el mismo, que tuvieran opiniones opuestas. De esa forma se producían debates que daban interés al programa. Por ejemplo, en un programa tratamos el tema de la "Eutanasia", o sea la muerte provocada para aliviar a un enfermo grave que sufría. Invitamos como panelistas a un sacerdote, un médico y un abogado. Para sorpresa nuestra, el médico se opuso a la eutanasia, el sacerdote sí estuvo de acuerdo y el abogado dijo que él opinaba que se debía hacer un consejo de familia del enfermo y que fueran ellos los que decidieran.

La imagen de *Planeta 3* era sobria, analítica y objetiva, no obstante amena e interesante. Los temas se desarrollaban con dinamismo. El concepto imparcial se lograba al canalizar opiniones diversas de destacadas personalidades de América Latina; permitiendo así la participación de una teleaudiencia heterogénea y masiva.

El programa tenía 60 minutos de duración y la norma del mismo era un enfoque claro y objetivo analizando causas, efectos y acciones, junto a líderes, estadistas, especialistas y expertos mundialmente reconocidos. Se presentaba como una discusión de panel con un moderador, que conducía el orden y exposición del tema y tres panelistas (Caribe, Centro y Sur América), que expresaban sus opiniones libremente. La estructura del programa estaba dividida en dos partes, cada una comenzaba con un corto documental de aproximadamente 5 minutos, o menos.

En el primer segmento se hacia la exposición del tema, seguido por entrevistas filmadas con expertos en la materia.

Después, los panelistas, dirigidos por el moderador, expresaban sus criterios y opiniones. El segundo segmento consistía en un análisis final para llegar a conclusiones y soluciones alternativas.

Planeta 3 sirvió como instrumento en la comunicación masiva de los pueblos e individuos de Latinoamérica, facilitando la exposición de criterios de especialistas y líderes en las diversas áreas del proceso social; sosteniendo como principio fundamental que *todos somos parte del problema y todos somos parte de la solución*. Fue un programa para líderes en el desarrollo de la conducta social. Se transmitió en 16 países de América: República Dominicana, Guatemala, El Salvador, Honduras, Costa Rica, Panamá, Belice, Curazao, México, Venezuela, Ecuador, Colombia, Bolivia, Perú, Paraguay y Argentina. Nunca pudimos colocar *Planeta 3* en Nicaragua y Chile.

Cada año se producían cuarenta programas nuevos de *Planeta 3*. En total se grabaron 450 programas durante los once años. Además producíamos cuatro o cinco especiales que incluíamos para ser transmitidos en el espacio del programa, en las restantes semanas. Con eso cumplíamos lo estipulado en el contrato. Para completar las 52 semanas del año, repetíamos los mejores programas de esa temporada, aunque algunas emisoras optaban por transmitir competencias internacionales de fútbol soccer y sacaban del aire la programación regular, ya que el fútbol en América Latina tiene un inmenso arraigo y una gran fanaticada.

En fin, muchas de las más destacadas personalidades y políticos de todos los países latinoamericanos, participaron como panelistas o entrevistados en *Planeta 3*. Es imposible nombrarlos a todos; pero puedo decir que fue un gran honor compartir con cada uno de los invitados y agradezco su valiosa colaboración. El programa comenzó en 1984 y estuvo en el aire once años, durante los cuales tratamos muchos y variados temas de actualidad que afectaban a América Latina.

Lo más fácil para un dueño o director de una emisora de televisión es no renovar el contrato de un programa que no le conviene. En realidad los directores de las emisoras donde circulaba *Planeta 3* siempre me expresaban lo contentos que estaban con el programa. Año tras años renovaban el contrato y siempre, aunque a veces con alguna tardanza, pagaban el precio convenido para seguir recibiendo *Planeta 3*.

El balance final económico del programa *Planeta 3*, fue que no me dio pérdidas ni utilidades materiales. Pude cubrir costos y cobrar un modesto sueldo para mí después del segundo año, pero la mayor satisfacción fue poder llevar a América Latina la realidad de Cuba, sometida a la tiranía comunista de Fidel Castro y también escuchar los puntos de vista de importantes y conocedoras personas que analizaban los múltiples problemas de los países de la región, buscando soluciones a los mismos.

Durante el año 1995 hubo una gran crisis económica en América Latina. Muchos países carecían de dólares para pagar sus importaciones. Varios canales sudamericanos que transmitían *Planeta 3* desde su comienzo y que eran los que mejor pagaban, cancelaron el contrato. El director de un canal me explicó que antes abrían a las 6:00 am y que tuvieron que suspender horas de programación, que ahora comenzaban a transmitir al mediodía. En el horario disponible tenían que colocar los programas que producían mejores ingresos como telenovelas, series de televisión y programas deportivos. Ellos mantenían *Planeta 3* como un programa de prestigio por su calidad; pero no era un programa donde los publicitarios colocaban sus anuncios.

Otros directores, cuando los visitaba, me comunicaban las dificultades económicas que tenían. Querían mantener *Planeta 3*; el programa gustaba a nivel profesional y algunos me decían que lo anunciaban como el editorial del canal; el lema de *Planeta 3: Un encuentro con las realidades de nuestro mundo* y la calidad de los entrevistados era precisamente el equivalente a seriedad y prestigio. Esas palabras me halagaban pero si no podían pagar la cantidad acordada, yo no podía continuar la producción de *Planeta 3*.

Antes de terminar este capítulo, quiero expresar mi agradecimiento a todos los panelistas que participaron en el programa; no puedo nombrarlos a todos en estas páginas pero los llevo en mi memoria porque gracias a ellos existió *Planeta 3*. También agradezco a los que sirvieron de moderador, ellos fueron parte importante del éxito del programa.

Es necesario destacar la valiosa cooperación que aportaron los productores ejecutivos, Magalys Puello y Tony Pérez Morell. Después del retiro de Tony, Magalys corrió sola con el peso completo de la producción, incluyendo los guiones, y estuvo a cargo de los viajes de filmación a los países del cono Sur. Gracias a ella, logramos colocar el programa en Argentina.

Los directores George Muñoz, Miguel Caparrós y Miguel Puello; Martha y Alejandra Báez, coordinadoras y todo el personal técnico de cámaras y luces. Juntos trabajamos en equipo dedicando tiempo y esfuerzo para lograr que *Planeta 3* fuera un gran programa desde que comenzó en 1984 hasta que terminó en 1995.

Como ya estaba llegando a los 65 años de edad decidí retirarme. Cerré el programa y vendí los equipos a mi amigo, el arquitecto Erwin Cott, quien también producía programas de televisión.

No fue el final de mi carrera, fue el final de una etapa de mi vida, que puedo describir como una etapa importante e instructiva, en la cual conocí a personas ilustres con las que compartí buenos momentos y también tuve la satisfacción de poder realizar mi objetivo: *auspiciar el bienestar de nuestros pueblos para vivir con libertad en un mundo mejor.*

La democracia es la consecuencia de la actitud social de un pueblo que cree en el diálogo, la tolerancia, el respeto a los derechos humanos y la libertad individual.

Made in the USA
Lexington, KY
24 April 2015